*CINDERELA CHINESA*

Edição em inglês publicada originalmente na Inglaterra, Londres, por Penguin Books Ltd.

Copyright © 1999 by Adeline Yen Mah

Os direitos morais da autora desta obra estão garantidos.

Todos os direitos reservados.

O selo Seguinte pertence à Editora Schwarcz S.A.

Grafia atualizada segundo o Acordo Ortográfico da Língua Portuguesa de 1990, que entrou em vigor no Brasil em 2009.

Título original:
*Chinese Cinderella — The True Story of an Unwanted Daughter*

Capa:
*Rita da Costa Aguiar*

Preparação:
*Denise Pessoa*

Revisão:
*Marise Simões Leal*
*Isabel Jorge Cury*

Atualização ortográfica:
*Página Viva*

---

Dados Internacionais de Catalogação na Publicação (CIP)
(Câmara Brasileira do Livro, SP, Brasil)

---

Mah, Adeline Yen
    Cinderela chinesa : a história secreta de uma filha renegada / Adeline Yen Mah ; tradução José Rubens Siqueira. — 1ª ed. — São Paulo : Companhia das Letras, 2006.

    Título original: Chinese Cinderella : The True Story of an Unwanted Daughter.
    ISBN 978-85-359-0845-9

    1. China – Usos e costumes – Literatura infantojuvenil 2. Físicas – Califórnia – Biografia – Literatura infanto-juvenil 3. Mah, Adeline Yen, 1937 – Literatura infantojuvenil 4. Memórias autobiográficas 5. Sino-americanos – Califórnia – Biografia – Literatura infantojuvenil I. Título.

06-3784                                CDD-979.40049510092

Índice para catálogo sistemático:
1. Sino-americanos na Califórnia : Estados Unidos : Biografia    979.40049510092

*28ª reimpressão*

Todos os direitos desta edição reservados à
EDITORA SCHWARCZ S.A.
Rua Bandeira Paulista, 702, cj. 32
04532-002 — São Paulo — SP
Telefone: (11) 3707-3500
www.seguinte.com.br
contato@seguinte.com.br

/editoraseguinte
@editoraseguinte
Editora Seguinte
editoraseguinteoficial

*Dedicado a todas
as crianças renegadas*

Sempre alimentei o sonho de criar alguma coisa única e perene, de forma que o passado não se apagasse definitivamente. Sei que um dia vou morrer e desaparecer no vazio, mas espero preservar minhas memórias através da escrita. Talvez outros que também tenham sido renegados possam ler este livro daqui a cem anos e se sentir fortalecidos. Imagino essas pessoas percorrendo as páginas de meu livro e me conhecendo (aos dez anos de idade) em Xangai, sem sair de sua casa em Sydney, Tóquio, Londres, Hong Kong ou Los Angeles. E eu receberei cada uma delas com um sorriso e direi: "Que bom que veio me visitar! Entre e compartilhe comigo a minha história... porque entendo muito bem a amargura do seu coração e o que você está passando".

## *Agradecimentos*

A meu marido, Bob,
por me aguentar e por estar sempre ao meu lado.
A meus filhos, Roger e Ann, e a meu sobrinho, Gary,
por terem orgulho de mim.
A minha editora, Erica Irving,
por sua paciência e hábil orientação.
A meu editor, Bob Sessions,
por acreditar em mim.

*Para que possamos nos entender durante o próximo milênio, devemos compreender a história, a língua e a cultura de todos nós.*

*Com essa finalidade, os royalties de meus dois livros foram doados integralmente a uma fundação, que teve por modelo o programa de bolsas de estudos Rhodes, para permitir o ingresso de estudantes nas universidades de Pequim e de Xangai.*

## Sumário

Prefácio 11
Nota da autora 12

1. A primeira da classe 15
2. Uma família de Tianjin 17
3. Os pés enfaixados de Nai Nai 19
4. A vida em Tianjin 23
5. A chegada a Xangai 30
6. O primeiro dia de aula 33
7. Reunião de família 38
8. A tarifa do bonde 41
9. Ano-novo chinês 45
10. Dias de aula em Xangai 56
11. PTP 69
12. O casamento da Irmã Grande 84
13. Uma festa de aniversário 89
14. Presidente da classe 95
15. Colégio interno en Tianjin 109
16. Hong Kong 123
17. Colégio interno em Hong Kong 136
18. Triste domingo 140
19. Fim de semestre 148
20. Pneumonia 152
21. Concurso de peças de teatro 157
22. Carta de tia Baba 166

A história de Ye 葉 Xian 限 : a Cinderela chinesa original 169
Nota 173
Pós-escrito 175

## *Prefácio*

*Cinderela chinesa* é minha autobiografia. Foi difícil e doloroso escrevê-la, mas me senti compelida a fazê-lo. A história da minha infância é simples e pessoal, mas, por favor, não subestime a força desse tipo de relato. De uma forma ou de outra, todos nós somos formados e modelados pelo que lemos e absorvemos no passado. Todas as histórias, inclusive os contos de fadas, apresentam verdades elementares que podem às vezes permear nossa vida interior e passar a fazer parte de nós mesmos.

O fato de esta história ser verdadeira pode dar um toque especial. Hoje em dia, o mundo está diferente. Embora muitos pais chineses ainda prefiram ter filhos homens, as filhas meninas não são mais tão desprezadas. Mas as coisas em si não mudaram. Ainda é importante ser sincero e leal; fazer o melhor possível; explorar ao máximo seus talentos; satisfazer-se com as coisas simples da vida; e acreditar profundamente que você acabará triunfando se tentar de fato provar seu valor.

Para aqueles que foram abandonados e indesejados quando crianças, tenho uma mensagem especial. Apesar de tudo de ruim em que tentaram fazer vocês acreditarem, por favor, tenham a certeza de que cada um de vocês tem dentro de si algo único e precioso. *Cinderela chinesa* é dedicado a vocês, com votos ardentes de que continuem buscando fazer o melhor possível diante da desesperança; de que acreditem que no fim sua força vencerá, que vocês superarão seus traumas e os transformarão em fonte de coragem, criatividade e compaixão.

Madre Teresa disse uma vez que "a solidão e o sentimento de ser indesejado são a maior pobreza que existe". Eu acrescento: "Por favor, acredite que um único sonho positivo é mais importante que mil realidades negativas".

*Adeline Yen Mah*

## Nota da autora

O chinês é uma língua pictográfica. Cada palavra é uma imagem única e tem de ser memorizada isoladamente. Não há alfabeto, tampouco ligação alguma entre a língua falada e a língua escrita. Uma pessoa pode aprender a ler e escrever chinês, e não saber falar uma única palavra.

Como cada palavra é um pictograma, a caligrafia chinesa desperta uma reação emocional maior do que a mesma palavra escrita em alfabeto. A arte da caligrafia é muito respeitada na China. A poesia escrita em caligrafia pelos mestres antigos é valorizada e passada de geração a geração.

Com *Cinderela chinesa*, espero despertar o seu interesse não só pelas dificuldades de uma menininha que cresceu na China, mas também por sua história e sua cultura.

*Nomes*
Numa família chinesa, a criança é chamada por muitos nomes.

1. O sobrenome de meu pai é Yen (嚴). Meus irmãos e eu herdamos o sobrenome Yen (嚴). Os sobrenomes chineses vêm no começo do nome da pessoa.

2. Ao nascer, o bebê recebe de seus pais um nome. O nome que me deram é Jun-ling. Como em chinês o sobrenome vem antes, meu nome chinês é Yen Jun-ling (嚴君玲).

3. Em casa, a criança é chamada por um nome que depende da ordem de nascimento. A filha mais velha é chamada de Irmã Grande, a segunda filha é chamada de Segunda Irmã, e assim por diante. Existem palavras chinesas independentes para "irmã mais velha" (*jie* 姐) e "irmã mais nova" (*mei* 妹); "irmão mais velho" (*ge* 哥) e "irmão mais novo" (*di* 弟). Como eu fui a quinta filha de minha família, meu nome em casa era Quinta Irmã Mais Nova (Wu Mei 五妹). Porém, meus irmãos mais novos me chamavam de Wu Jie (五姐), que quer dizer Quinta Irmã Mais Velha.

4. Quando uma geração mais velha me chama de Wu Mei (五妹), a palavra *mei* tem o sentido de "filha". Wu Mei (五妹) quer dizer, então, Quinta Filha.

5. A mesma coisa vale para a palavra *di*. Er Di (二弟) pode significar Segundo Irmão Mais Novo ou Segundo Filho.

6. Nossa madrasta nos deu nomes europeus quando se casou com meu pai. Quando meus irmãos e eu fomos para a escola em Hong Kong e Londres, onde o inglês é a língua principal, meu nome passou a ser Adeline Yen.

7. Depois que me casei, adotei o sobrenome de meu marido sino-americano, Bob Mah, e meu nome agora é Adeline Yen Mah.

8. O nome da Irmã Grande (大姐) é Lydia; o do Irmão Grande (大哥) é Gregory; o do Segundo Irmão (二哥) é Edgar; o do Terceiro Irmão (三哥) é James. O nome do Quarto Irmão Menor (四弟) é Franklin. O nome da Irmãzinha (小妹) é Susan.

# 1
## A primeira da classe
## 全班考第一

*Outono, 1941.* Assim que cheguei da escola, tia Baba notou a medalha de prata presa no bolso do peito de meu uniforme. Ela se penteava na frente do espelho do nosso quarto; entrei correndo e joguei a mala em cima da cama.

"O que é isso em seu vestido?"

"É uma coisa especial que madre Agnes me deu diante da classe inteira hoje. Ela disse que é um prêmio."

Minha tia pareceu animada. "Já? O jardim de infância começou há uma semana. Prêmio por quê?"

"Fui a primeira da classe esta semana. Quando madre Agnes prendeu isto na minha roupa, ela disse que eu ia usar durante sete dias. Olhe aqui o diploma que veio junto." Abri a mala da escola, entreguei a ela um envelope e corri para seu colo.

Ela abriu o envelope e dele tirou o diploma.

"Nossa, está todo escrito em francês, ou inglês, ou alguma outra língua estrangeira. Como você quer que eu leia isso, meu bem?" Sabia que ela estava contente porque ria quando me abraçou. "Um dia, não vai demorar", ela continuou, "você vai poder traduzir tudo para mim. Enquanto isso, vamos escrever a data de hoje no envelope e guardar em lugar seguro. Vá fechar a porta direito e passe a chave para ninguém entrar."

Fiquei observando enquanto ela abria a porta do armário e pegava o seu cofre. Apanhou a chave de uma corrente que trazia no pescoço e guardou meu diploma debaixo da pulseira de jade, do colar de pérolas e do relógio de brilhantes — como se meu diploma fosse alguma joia preciosa, insubstituível.

Ao fechar a tampa, uma velha fotografia caiu no chão. Peguei a foto esmaecida e vi um homem e uma mulher moços, solenes, os dois usando roupas chinesas antigas. O homem me pareceu bem conhecido.

"É um retrato de meu pai e da mamãe que morreu?", perguntei.

"Não. Esse é o retrato de casamento de seus avós. Seu Ye Ye tinha vinte e seis anos, e sua Nai Nai tinha apenas quinze." Ela me tomou a foto depressa e a trancou na caixa.

"Você tem um retrato da minha mamãe que morreu?"

Ela desviou os olhos. "Não. Mas tenho a foto de casamento de seu pai com a madrasta Niang. Você tinha apenas um ano quando eles se casaram. Quer ver a foto?"

"Não. Essa eu já vi. Só queria ver uma foto da minha mãe de verdade. Eu me pareço com ela?" Tia Baba não respondeu, ocupada em guardar o cofre de volta no armário. Depois de um momento, perguntei: "Quando minha mamãe morreu?".

"Sua mãe caiu com febre alta três dias depois que você nasceu. Morreu quando você tinha duas semanas..." Ela hesitou um momento, depois exclamou de repente: "Como você está com as mãos sujas! Andou brincando na caixa de areia da escola outra vez? Vá lavar essas mãos, já! Depois volte e cuide da lição de casa!".

Fiz o que ela mandou. Embora eu tivesse apenas quatro anos de idade, entendi que não devia encher tia Baba com tantas perguntas sobre minha mamãe morta. A Irmã Grande uma vez me disse: "Tia Baba e mamãe eram as melhores amigas. Muito tempo atrás, as duas trabalharam juntas em um banco de Xangai que é de nossa tia-avó, a irmã mais nova de vovô Ye Ye. Mas aí mamãe morreu quando teve você. Se você não tivesse nascido, mamãe ainda estaria viva. Ela morreu por sua causa. Você dá azar".

# 2
## Uma família de Tianjin
## 天 津 家 庭

Na época do meu nascimento, a Irmã Grande tinha seis anos e meio. Meus três irmãos tinham cinco, quatro e três. Eles me culpavam por causar a morte de mamãe (媽媽), e nunca me perdoaram.

Um ano depois da morte dela, papai (爸爸) se casou de novo. Nossa madrasta, que chamamos de Niang (娘), era uma beldade eurasiana de dezessete anos, catorze anos mais nova que ele. Papai sempre a apresentava aos amigos como sua esposa francesa, embora ela fosse de fato meio francesa, meio chinesa. Além de chinês, ela falava francês e inglês. Tinha quase a mesma altura de papai, era muito empertigada e só vestia roupas francesas — muitas das quais vinham de Paris só para ela. O cabelo preto, farto, ondulado, nunca tinha uma mecha fora do lugar. Os olhos castanho-escuros, grandes, eram acompanhados de cílios cerrados e compridos. Ela usava maquiagem pesada, perfumes franceses caros e muitos brilhantes e pérolas. Foi a vovó Nai Nai que mandou que nós a chamássemos de Niang, que é outro termo chinês para "mãe".

Um ano depois do casamento, eles tiveram um filho (o Quarto Irmão), seguido de uma filha (a Irmãzinha). Nós agora éramos sete: cinco filhos da primeira esposa de papai e dois de nossa madrasta, Niang.

Além de papai e Niang, vovô Ye Ye (爺爺), vovó Nai Nai (奶奶) e tia Baba (姑媽) moravam conosco em uma casa grande na concessão francesa de Tianjin, cidade portuária na costa nordeste da China. Tia Baba era a irmã mais velha de nosso pai. Como era meiga, tímida, solteira e não tinha renda própria, meus pais mandaram que tomasse conta de mim. Desde sempre, eu dormia em uma caminha no quarto dela. Isso foi muito bom porque me permitiu conhecê-la cada vez melhor, e passamos a ter uma vida à parte do resto da família. Nessas circunstâncias, era talvez inevitável que nós duas, com o tempo, nos amássemos profundamente.

Muitos anos antes, a China havia perdido a guerra (conhecida como Guerra do Ópio) contra a Inglaterra e a França. Como resultado, muitas cidades costeiras da China (Tianjin e Xangai, por exemplo) passaram a ser ocupadas por soldados estrangeiros.

Os conquistadores repartiram entre eles as melhores áreas desses portos, requisitando-as como seus "territórios" ou "concessões". A concessão francesa de Tianjin era como um pedacinho de Paris transplantado para o centro dessa grande cidade chinesa. Nossa casa, construída em estilo francês, parecia ter sido retirada de uma avenida sombreada por árvores perto da torre Eiffel. Cercada por um jardim encantador, tinha varandas, sacadas, janelas em arco, toldos e um telhado inclinado. Do outro lado da rua, ficava a escola católica para meninos St. Louis, cujos professores eram missionários franceses.

Em dezembro de 1941, quando os japoneses bombardearam Pearl Harbor, os Estados Unidos se envolveram na Segunda Guerra Mundial. Embora Tianjin estivesse ocupada pelos japoneses, a concessão francesa ainda era governada por funcionários franceses. Policiais franceses faziam patrulha, rugindo ordens em sua própria língua, que eles queriam que todo mundo entendesse e obedecesse.

Em minha escola, madre Agnes nos ensinou o alfabeto e os números em francês. Muitas ruas em torno de nossa casa traziam nomes de heróis franceses mortos e santos católicos. Quando traduzidos para o chinês, esses nomes de ruas ficavam tão complicados que Ye Ye e Nai Nai muitas vezes tinham dificuldade para se lembrarem deles. Placas bilíngues de lojas eram comuns, mas os estabelecimentos mais exclusivos tinham placas apenas em francês. Nai Nai nos disse que esse era o jeito de eles deixarem claro que os chineses só eram aceitos quando encarregados de cuidar das crianças brancas.

## 3
## Os pés enfaixados de Nai Nai
## 奶 奶 的 小 腳

A sineta tocou às sete. Tia Baba me pegou pela mão e me levou para a sala de jantar.

Meus avós iam na nossa frente. Tia Baba me disse para correr até a grande mesa de jantar e puxar a cadeira para Nai Nai. Nai Nai andava devagar por causa dos pés enfaixados. Fiquei olhando para ela enquanto avançava na minha direção, mancando e oscilando o corpo como se os dedos dos pés tivessem sido cortados. Quando ela se sentou, com um suspiro de alívio, coloquei meu pé ao lado do sapato de seda preta bordada que ela usava, para comparar os tamanhos.

"Nai Nai, como é que seus pés são tão pequenos?", perguntei.

"Quando eu tinha três anos, amarraram uma faixa bem forte nos meus pés, com os dedos dobrados para baixo da sola, esmagando o arco para meus pés ficarem pequenos pelo resto da vida. Isso foi costume na China durante mil anos, desde a dinastia Tang. Na minha época, pés pequenos eram considerados femininos e bonitos. Se você tinha pés grandes, sem enfaixar, nenhum homem se casava com você. Era esse o costume."

"Doía?"

"Claro! Doía tanto que eu não conseguia dormir. Gritava de dor e implorava para minha mãe soltar a faixa, mas ela não soltava. Na verdade, a dor nunca passou. Sinto dor nos pés desde o dia em que eles foram enfaixados, e continuam a doer até hoje. Eu tinha dois pés perfeitos, normais, quando nasci, mas eles me deformaram de propósito e me deram uma artrite para a vida inteira só para eu ficar bonita. Você fique muito agradecida de esse costume horrível ter sido abandonado trinta anos atrás. Senão os seus pés iam ser deformados, e você também não ia poder pular nem correr."

Quando meus três irmãos entraram correndo, rindo e se empurrando, fui até a mesa e sentei no lugar que me era destinado, entre o Segundo Irmão e o Terceiro Irmão. Eu me encolhi quando o Segundo Irmão sentou à minha direita. Ele sempre me dizia coisas más e pegava os melhores bocados do meu prato quando ninguém estava olhando.

O Segundo Irmão sentava ao lado do Irmão Grande, mas eles brigavam muito. Papai acabou separando os dois no dia em que quebraram uma fruteira durante a disputa por uma pera.

O Irmão Grande piscou para mim ao sentar. Estava com os olhos brilhando e assobiava uma canção. Na véspera, havia tentado me ensinar a assobiar, mas por mais que eu quisesse não consegui. Será que o Irmão Grande estava aprontando alguma agora? Na tarde do domingo anterior, eu o peguei agachado ao lado da cama de vovô Ye Ye, observando como um gato, enquanto Ye Ye fazia a sesta. A narina direita de Ye Ye tinha um pelo comprido que saía e entrava a cada ronco. Bem quietinho, o Irmão Grande de repente se aproximou de Ye Ye e, com todo o cuidado, segurou o pelo nasal entre o indicador e o polegar. Houve uma pausa emocionante enquanto Ye Ye exalava com um prolongado e satisfeito chiado. Eu prendi a respiração, fascinada, e não tive coragem de soltar um único som. Por fim, Ye Ye inalou profundamente. O Irmão Grande não largou. O pelo foi arrancado pela raiz. Ye Ye acordou com um grito, deu um pulo da cama, compreendeu a situação num piscar de olhos e foi atrás do Irmão Grande com um espanador na mão. Rindo histericamente, o Irmão Grande saiu correndo do quarto, escorregou pelo corrimão da escada e escapou pelo jardim, segurando o tempo todo o pelo de Ye Ye como um troféu.

O Terceiro Irmão sentou-se à minha esquerda. Estava fazendo um bico, tentando assobiar, sem nenhum sucesso. Ao notar a medalha em meu uniforme, ele levantou as sobrancelhas e sorriu para mim. "O que é isso?", perguntou.

"É um prêmio de primeira da classe. Minha professora disse que eu vou usá-lo durante sete dias."
"Parabéns! Primeira semana na escola, e você já ganha medalha! Nada mau!"
Enquanto eu me deliciava com o elogio do Terceiro Irmão, senti de repente uma pancada dura na nuca. Virei e vi o Segundo Irmão olhando para mim.
"Por que fez isso?", perguntei, com raiva.
Ele agarrou meu braço direito embaixo da mesa e deu uma torcida rápida e forte quando ninguém estava olhando.
"Porque eu quis, só por isso, sua metida! É para você aprender a não ficar exibindo a sua medalha!"
Virei para pedir ajuda ao Terceiro Irmão, mas ele estava olhando para a frente, é claro que não queria se envolver. Nesse momento, papai, Niang e a Irmã Grande entraram juntos, e o Segundo Irmão largou meu braço na mesma hora.
Niang estava conversando em inglês com a Irmã Grande, e a Irmã Grande balançava a cabeça, concordando. Lançou um olhar superior para todos nós quando se sentou entre o Segundo Irmão e Niang, toda cheia de si porque nossa madrasta lhe dava tanta atenção. Como ela sofrera uma paralisia do braço esquerdo ao nascer, seus movimentos eram lentos e desajeitados, e ela gostava de fazer o Terceiro Irmão e eu realizarmos as suas tarefas.
"Wu Mei (Quinta Irmã Mais Nova)!", ela disse então. "Vá buscar meu dicionário inglês-chinês. Está em cima da cama, no meu quarto. Niang quer que eu traduza uma coisa..."
Eu já estava quase descendo da cadeira, mas Nai Nai disse: "Faça a tradução depois! Sente aí, Wu Mei. Vamos jantar primeiro, antes que a comida esfrie. Olhe, vou fazer um prato das partes mais macias para mandar para o quarto das crianças, para a babá dar aos dois menores...". Ela se virou para Niang com um sorriso. "Só mais dois anos, e todos os sete netos vão estar sentados em volta desta mesa. Não vai ser uma maravilha?"
O filho de Niang, de dois anos, o Quarto Irmão, e a filha bebê, a Irmãzinha, ainda eram pequenos demais para comer

conosco. Porém, eles já eram "especiais" desde o momento em que nasceram. Embora ninguém dissesse isso com todas as letras, estava tacitamente entendido que todo mundo considerava os filhos "verdadeiros" de Niang mais bonitos e mais inteligentes que seus enteados, enfim, superiores em tudo. E quem teria coragem de discordar?

Para a sobremesa, as empregadas trouxeram uma grande travessa com minha fruta favorita, olhos-de-dragão! Fiquei tão contente que não consegui evitar um riso alto.

Nai Nai deu uma tigelinha para cada um, e eu contei sete olhos-de-dragão na minha. Tirei a casca marrom que parecia couro, e estava saboreando a delicada polpa branca quando papai, de repente, apontou minha medalha.

"Essa medalha é de primeira da classe?", perguntou.

Afirmei com a cabeça, excitada demais para falar. Baixou um silêncio na mesa. Era a primeira vez, na lembrança de todo mundo, que papai olhava para mim e me dizia alguma coisa. Todo mundo observou a minha medalha.

"O lado esquerdo do seu peito está mais pesado?", continuou papai, sorrindo, orgulhoso. "Você está torta para o lado esquerdo?"

Fiquei vermelha de prazer, mal conseguia engolir. Meu grande Dia Dia estava brincando comigo! Ao sair, ele fez um agrado em minha cabeça. Depois disse: "Continue estudando bastante e trazendo honra para o nosso nome, para sentirmos orgulho de você".

Todos os grandes sorriram para mim ao sair da sala junto com papai. Que maravilha! Meu triunfo tinha virado o triunfo de meu pai! Eu tinha de estudar ainda mais e continuar usando a medalha para agradar a papai, pensei comigo.

Mas o que era aquilo? A Irmã Grande estava vindo na minha direção com uma carranca. Sem dizer palavra, ela estendeu a mão, pegou dois olhos-de-dragão da minha tigela e foi embora. Meus três irmãos seguiram seu exemplo. Saíram todos correndo e me deixaram completamente sozinha com minha medalha de prata, e minha tigelinha vazia.

# 4
## A vida em Tianjin
## 天 津 生 活

*Poucos meses depois, começo de 1942. Inverno.*
Quando comecei o jardim de infância na escola do convento francês São José, a Irmã Grande já frequentava a escola havia anos, e estava na quinta série. Ela reclamou tanto de ter de me levar e me acompanhar à escola, na ida e na volta, que vovó Nai Nai acabou mandando Ah Mao, o puxador de riquixá, levar e trazer a gente.

Papai havia comprado o riquixá preto, brilhante, três anos antes, como presente de cinquenta anos para Nai Nai visitar as amigas e jogar *mah-jong*. O riquixá tinha pneus infláveis de borracha, um lampião de latão de cada lado e uma sineta operada a pedal e também à mão. Toda manhã Ah Mao estava lá espanando o assento, lavando as laterais, escovando a coberta e polindo os metais. Meus irmãos sempre imploravam a ele que os deixasse puxar um ao outro pelo jardim, mas Ah Mao protegia ferozmente o veículo e os enxotava.

Do lado de fora do nosso jardim, sentada na calçada, estava sempre uma velha mendiga, cega e aleijada. Assim que Ah Mao abria o portão, ela batia sua tampa de lata, inclinava a cabeça para trás e gemia em voz alta: "Tenha pena de mim!". A Irmã Grande (Da Jie 大姐) e eu tínhamos um pouco de medo dela. "Corra mais depressa!", pedia a Irmã Grande a Ah Mao, "vá para longe dela o mais rápido que puder!"

Eu sempre ficava contente quando nosso riquixá se aproximava do imponente edifício de tijolos vermelhos da São José. Adorava tudo na minha escola: todas as outras meninas de uniformes brancos engomados idênticos ao meu; as freiras franciscanas francesas de hábito preto e branco com grandes cruzes de metal balançando no pescoço; do aprendizado dos números, do catecismo e do alfabeto; dos jogos de amarelinha e de pular corda no intervalo. Minhas colegas de classe faziam com que me sentisse querida. Ao contrário de meus irmãos, ninguém empinava o nariz para mim.

O sino da escola tocava, era hora de ir para casa. Eu saía correndo da classe e corria direto para Ah Mao, que estava fumando um cigarro agachado no meio das hastes do riquixá na calçada em frente ao portão da escola. Ele sorria quando me via e acenava para eu entrar no veículo.

"Vamos ver quanto tempo a gente vai esperar hoje", resmungava ele ao acender outro cigarro.

Eu não falava nada, mas sabia o que ele queria dizer. Era mesmo uma chatice. A Irmã Grande estava sempre entre as últimas a sair quando as aulas terminavam. Ela parecia adorar que as amigas vissem o puxador de riquixá e a irmã menor à sua espera todas as tardes enquanto ela demorava o quanto queria.

Um dia, esperamos mais que o normal. Estava horrivelmente frio, e havia um vento noroeste soprando forte. Depois de algum tempo, Ah Mao afastou-se para conversar com um vendedor de chá na esquina e esquentar as mãos na chaleira fumegante. Meu rosto e os dedos das mãos e dos pés estavam amortecidos de frio.

Por fim, vi a Irmã Grande aparecer no parquinho, rindo e brincando com algumas meninas grandes da classe dela, até que as freiras enxotaram todas e trancaram o portão. A Irmã Grande fechou a cara ao subir, e eu me encolhi no meu canto. Ela tocou a sineta várias vezes com o pé e chamou rispidamente. Ah Mao veio correndo de volta, colocou-se entre as hastes, e lá fomos nós.

"O que as irmãs ensinaram hoje?", perguntou de repente a Irmã Grande, imperiosa.

"Ensinaram sobre Deus", respondi, com orgulho.

"Vamos fazer um teste. Quem fez você?"

Eu fiquei contente, porque sabia a resposta. "Deus me fez."

"E por que Deus fez você?"
"Não sei, porque isso a professora ainda não contou."
"Desculpa sua!", gritou a Irmã Grande. "Você não sabe porque é burra! E não merece usar isto!" De um golpe, agarrou minha medalha e puxou, e ficou com raiva porque eu a empurrei. "Tome isto! Premiada! Queridinha da professora! Quem você pensa que é? Fica aí se exibindo, semana após semana!", ela gritou, e me bateu com sua mão direita, a forte.
Ah Mao, que havia parado num sinal vermelho, virou para olhar quando ouviu o tapa. A Irmã Grande arrumou o uniforme, despreocupada, e mandou que ele fosse mais depressa porque ela estava com fome. Disse a Ah Mao que a cozinheira estava fazendo *gyoza*, que era o meu lanche da tarde favorito. Assim que chegamos em casa, a Irmã Grande saiu correndo. Ah Mao me ajudou a descer, apontou para a medalha, abriu um grande sorriso e fez para mim o sinal de positivo com o polegar, sacudindo o punho para cima e para baixo para mostrar sua admiração.

Eu recebia a medalha toda semana, e usava-a constantemente. Sabia que isso desagradava aos meus irmãos, principalmente à Irmã Grande e ao Segundo Irmão, mas era o único jeito de fazer papai me notar e sentir orgulho de mim. Além disso, meus professores e colegas pareciam estar contentes comigo. Cada vez mais eu adorava a escola.
Por fim, terminou o semestre. Toda a escola se reuniu no auditório para a entrega de prêmios. O próprio monsenhor francês estava no palco para a premiação. Madre Agnes de repente chamou meu nome na frente de todo mundo. Ela anunciou que eu ganhara um prêmio especial por ter recebido a medalha durante mais semanas que qualquer outro aluno. Meu coração batia feito louco quando fui para o palco, mas os degraus que levavam até o monsenhor eram altos demais e muito íngremes para minhas pernas curtas. O que eu devia fazer? Acabei não tendo escolha senão subir ao palco com as mãos e os joelhos. Todo mundo uivou de rir e aplaudiu loucamente. Estavam me aplaudindo?

Ao voltar para a minha cadeira, não pude deixar de observar que, de todos os vencedores de prêmios, eu era a única sem nenhum acompanhante da família. Ninguém estava ali para afagar minha cabeça ou me dar os parabéns, nem mesmo tia Baba. Quanto à Irmã Grande, ela havia se recusado a ir à escola nesse dia. Dissera que estava com dor de estômago.

Tia Baba me contou que o Japão era um país forte que havia conquistado a maior parte da China, inclusive a cidade de Tianjin, onde nós morávamos. Meus três irmãos estavam sempre reclamando das aulas de japonês às quais eram obrigados a assistir na escola. Nós, crianças, tínhamos de mostrar respeito e curvar a cabeça toda vez que passássemos diante de soldados japoneses. Senão eles nos castigavam ou até matavam. Uma vez, o melhor amigo do Irmão Grande levou chutes e tapas de um soldado japonês porque esqueceu de baixar a cabeça quando passou por ele. Outra ocasião, Ye Ye impediu que o Terceiro Irmão chutasse uma bola feita de jornal velho porque dava para ver uma foto do imperador japonês. Todo mundo odiava os japoneses, e até os adultos tinham medo deles. Agora diziam que os japoneses estavam exigindo sociedade nos negócios de meu pai.

Papai parecia terrivelmente preocupado, e seu cabelo começou a cair. Muitos empresários japoneses de terno vinham à nossa casa procurá-lo, mesmo aos domingos. Eram acompanhados de guarda-costas japoneses que usavam máscaras de médico no rosto e traziam apavorantes espingardas com baionetas grandes e afiadas na ponta. Era uma chateação essa história de baixar a cabeça e demonstrar respeito por qualquer pessoa que parecesse ser japonesa. Depois que eles iam embora, papai ficava horas e horas conversando com Ye Ye no escritório.

Certa manhã, papai saiu de casa para comprar selos no correio, na nossa rua mesmo. E não voltou mais.

Ye Ye comunicou à polícia o desaparecimento de papai. Pendurou cartazes e colocou anúncios nos jornais oferecendo uma recompensa para quem desse notícias de seu paradeiro, vivo ou morto. Os japoneses voltaram a procurar meu pai algumas vezes, mas logo perderam o interesse. Com papai ausente, os negócios acabaram suspensos. Não havia mais dinheiro a ganhar, e os japoneses desistiram.

Poucos meses depois, nossa madrasta, Niang, também foi embora de casa, e levou nosso irmão mais novo (o Quarto Irmão). Ninguém sabia para onde ela tinha ido. Era tudo muito assustador e misterioso.

Ye Ye nos disse que papai, Niang e o Quarto Irmão tinham se afastado por algum tempo. Quando a estranheza passou, não ficamos especialmente preocupados, porque estávamos habituados à ausência de papai, sempre viajando a negócios. Além disso, Ye Ye, Nai Nai e tia Baba ainda estavam em casa. Os japoneses pararam de nos incomodar. A vida assentou e ficou tranquila, até feliz.

Ye Ye tinha sete empregadas, uma cozinheira, um motorista e Ah Mao, o puxador de riquixá. Os adultos jogavam frequentes partidas de *mah-jong*. Nós, crianças, éramos convidadas a brincar na casa de amigos. Aos domingos, Ye Ye levava todo mundo para dar uma volta no grande carro preto de papai. Almoçávamos em diversos restaurantes das concessões estrangeiras — franceses, russos, alemães, italianos e japoneses. Às vezes, assistíamos a filmes apropriados à nossa idade. A vida parecia estar melhor do que nunca.

Papai, Niang e o Quarto Irmão tinham ido embora fazia mais de um ano, e nós quase havíamos nos esquecido deles. Fazia um calor danado, e estávamos todos na sala de estar discutindo o menu do dia seguinte. Tia Baba sugeriu à cozinheira fazer *gyoza* em vez de arroz, para variar um pouco. Esses bolinhos saborosos, recheados com carne de porco, cravos e cebolinhas novas, eram absolutamente deliciosos! O Irmão Grande berrou que podia comer cinquenta de uma só vez. O Segundo Irmão imediatamente disse sessenta, e o Terceiro Irmão quis sessenta também. A Irmã Grande encomendou setenta. O Irmão Grande disse que ela já estava muito gorda. Ela gritou para ele calar a boca, e começaram a discutir.

Nai Nai disse: "Que confusão! Essa gritaria toda está me dando dor de cabeça. Está ficando tarde. Vou para o quarto cuidar dos meus pés doloridos". Virou-se para mim. "Wu Mei! Vá até a cozinha e diga para me trazerem uma panela de água quente."

Fiquei olhando a empregada despejar a água quente de uma garrafa térmica numa bacia de esmalte e fui atrás dela até o quarto de Nai Nai. Minha avó estava sentada na beira da cama, desenrolando a fina faixa de seda dos pés. "Tem certeza de que quer ficar aqui?", ela perguntou. "Os pés de Nai Nai vão deixar este quarto com um cheiro muito ruim logo que eu tirar as faixas."

"Por favor, me deixe ficar!", implorei, agachada ao lado dela, no chão. A verdade é que eu estava fascinada pelos seus pés minúsculos. Era como assistir a um filme de terror: você quer ver e ao mesmo tempo não quer.

Fiquei olhando os dedos dos pés de Nai Nai, deformados e virados de modo grotesco para baixo da sola dos pés. Ela mergulhou os pés devagar na bacia de água quente e suspirou de alívio e prazer. Depois os esfregou suavemente com um sabonete de cheiro doce, até a bacia ficar toda coberta de espuma. Tia Baba entrou e ajudou Nai Nai a cortar as unhas dos pés e remover as peles endurecidas. "Viu que sorte você tem?", Nai Nai me disse. "De nascer na hora certa, você e sua tia Baba, as duas não tiveram de enfrentar a tortura que eu sofri com os pés amarrados assim. Como eu queria, um só dia que fosse, que meus pés não doessem!"

"Quando Nai Nai tinha a sua idade, ela já não podia mais correr nem pular!", disse tia Baba. "E hoje você até vai para a escola todos os dias, igual a seus irmãos. Agora é melhor você ir para cama! Já passou da hora de dormir."

Depois que saí, tia Baba ficou conversando com Nai Nai um pouco mais. E então foi tomar banho.

Passados quinze minutos, Ye Ye começou a bater na porta do banheiro. Nai Nai tinha desmaiado e estava espumando pela boca. Tia Baba telefonou para o médico, mas já era tarde demais. Nai Nai morreu de um derrame cerebral fulminante.

Acordei de um sono pesado e vi tia Baba sentada sozinha

na frente da penteadeira, chorando. Subi em seu colo, passei os braços em volta dela para consolá-la. Tia Baba me disse que a vida de Nai Nai tinha evaporado como um sonho de primavera. Dava para ouvir os grilos cantando lá fora no calor do verão, e os vendedores ambulantes anunciando seus produtos na calçada lá embaixo. Como as coisas podiam continuar todas tão iguais se Nai Nai não estava mais conosco?

O corpo de Nai Nai foi colocado em um caixão bem fechado na sala de estar. Monges budistas vestindo mantos compridos cantaram seus mantras. Ye Ye mandou que nós, crianças, passássemos a noite dormindo no chão, na mesma sala, para fazer companhia a Nai Nai. O Terceiro Irmão cochichou no meu ouvido que à meia-noite Nai Nai ia abrir a tampa do caixão e sair vagando. Fiquei com tanto medo que não consegui pregar o olho. A noite inteira, enquanto ouvia os monges rezando e via a careca deles brilhando à luz das velas, eu meio esperei, meio temi que Nai Nai saísse do caixão e retomasse seu lugar entre nós.

No dia seguinte, houve um grande funeral. O caixão de Nai Nai foi embrulhado em panos brancos e colocado em um carro fúnebre puxado por quatro homens. Nós todos vestimos roupas brancas, os meninos com faixas brancas na cabeça, e as meninas com uma fita branca. Na ausência de papai, o Irmão Grande foi o pranteador-chefe. Músicos profissionais contratados louvaram as virtudes de Nai Nai. Enquanto tocavam e cantavam orações, eles jogavam no ar moedas brancas de papel. O carro fúnebre parou seis vezes para o Irmão Grande se ajoelhar, fazer uma reverência e chorar a perda de Nai Nai em altos brados.

No templo, os monges celebraram uma cerimônia solene. Entre hinos e cheiro de incenso, queimamos uma porção de utensílios feitos de papel para as necessidades de Nai Nai no outro mundo: camas, mesas, cadeiras, travessas e panelas e até um jogo de *mah-jong*. Meus irmãos brigaram por um grande carro de papel coberto com folha de alumínio. Fiquei olhando a fumaça subir da urna sacrifical e acreditei de todo o coração que em algum ponto do céu ela ia se converter em utensílios domésticos para o uso exclusivo de nossa Nai Nai.

# 5
## A chegada a Xangai
## 到 達 上 海

Seis semanas depois do enterro de Nai Nai, Ye Ye levou para dar um passeio a Irmã Grande, o Irmão Grande, o Segundo Irmão e eu. Para nossa surpresa, o carro parou primeiro na estação ferroviária. Depois de dizer ao motorista que esperasse no carro, Ye Ye nos levou a uma plataforma lotada em que havia uma placa: "Para Xangai". Ali, em um compartimento de primeira classe, demos de cara com papai, sentado sozinho. Vestia terno e gravata pretos. Tinha os olhos vermelhos, dava para perceber que tinha chorado.

Ficamos deliciados e perplexos. A Irmã Grande perguntou: "Quanto tempo faz que voltou, pai?". Ele disse que havia chegado apenas algumas horas antes, mas que planejava ir embora quase imediatamente. Disse que sentia a nossa falta e que viera a Tianjin para nos acompanhar ao sul, até Xangai. Contou que Xangai era uma grande cidade portuária que ficava a 1600 quilômetros, e que nossa tia-avó tinha um grande banco lá. Papai, Niang e o Quarto Irmão moravam lá havia um ano e meio. Como o Terceiro Irmão ainda estava se recuperando do sarampo, ia se juntar a nós depois, com a Irmãzinha, Ye Ye e tia Baba. Budistas devotos, Ye Ye e tia Baba queriam observar o tradicional período de cem dias de luto por Nai Nai, antes de ir embora de Tianjin.

"E as nossas roupas?", perguntou o Irmão Grande.

"Tia Baba está cuidando de despachar tudo, um pouco de cada vez", respondeu papai. "Se vocês trouxessem muita bagagem, os criados podiam desconfiar. É importante que os criados não tenham a menor ideia de onde estamos. Senão, os japoneses podem me prender. Durante a viagem de trem, conversem o menos possível entre vocês, para que ninguém desconfie de nada. Agora, vão se despedir de seu Ye Ye! O trem parte em cinco minutos!"

A casa de papai em Xangai ficava na avenida Joffre, no coração da concessão francesa. Era um prédio grande, quadrado, de concreto cinza-escuro, igual a todas as outras 69 casas dentro do mesmo "grande *tang*", um conjunto de residências cercado por um muro comunal. O motorista de papai nos levou da estação pela alameda principal de nosso grande *tang*, virou à esquerda em uma viela mais estreita e parou na frente de um portão de ferro batido. Papai nos conduziu por um jardim encantador, com um gramadinho cercado de arbustos de camélias bem podados, uma árvore de magnólia com flores perfumadas e um poço dos desejos ao lado de uma casinha de cachorro de madeira. Um grande pastor alemão de aspecto feroz saiu correndo de dentro dela, pulou excitado ao ver papai, mas latiu para nós. Dei uma olhada rápida naquela fera de dentes afiados e orelhas pontudas. Papai notou e me disse: "O nome dele é Jackie. Não tenha medo. Comporte-se naturalmente. Ele está recebendo treinamento semanal de obediência de um adestrador alemão. Não vai ter coragem de morder você".

Mesmo assim, fiquei nervosa. E me afastei. Fui atrás do Irmão Grande, subi três degraus de pedra e, pelas portas de veneziana, entrei em uma sala de estar formal.

"Aqui estamos!", disse papai, olhando em volta, orgulhoso, enquanto observávamos de boca aberta os sofás de veludo cor de vinho, as cortinas combinando e um grosso tapete de lã que cobria parcialmente o chão de madeira de teca. O papel de parede tinha longas faixas de veludo em relevo, em harmonia com as cortinas. Em cima de uma elegante mesinha de centro estilo Luís XVI, havia lindas orquídeas brancas em um vaso da dinastia Ming. Era tudo ornamentado, formal, brilhante e duro.

Niang entrou, segurando a mão do Quarto Irmão. Nossa madrasta condizia com a elegância da sala: estava estilosa e impecável com seus grandes olhos penetrantes, unhas compridas pintadas de vermelho-vivo e enormes brilhantes cintilando no pescoço, pulso e orelhas. Parada na frente dela, eu me senti mal-arrumada e pouco à vontade.

"Sentem-se, vocês todos! Sejam bem-vindos à nossa casa em Xangai!", anunciou Niang em voz alta e clara. "As criadas vão mostrar seus quartos. Esta casa tem três andares. No andar térreo, na frente, ficam a sala de estar e a sala de jantar. A cozinha, a garagem e as dependências dos empregados estão nos fundos. Vocês devem entrar e sair só pela porta dos fundos. A porta da frente, que dá para o jardim, é reservada aos convidados de seu pai. Assim como a sala de estar. Vocês não podem convidar nenhum amigo para vir aqui, nem visitar nenhum deles.

"O primeiro andar é onde seu pai e eu, e o irmão e a irmã menores de vocês temos os nossos quartos. Vocês não podem frequentar nenhum quarto do nosso andar sem a nossa permissão.

"Vocês todos vão morar no segundo andar. Os três meninos vão dormir no mesmo quarto. Wu Mei (Quinta Filha) vai repartir o quarto com tia Baba. Ye Ye e a Irmã Grande vão ter cada um o seu quarto particular. Mantenham seus cômodos arrumados, porque seu pai e eu podemos subir e fazer uma inspeção a qualquer momento.

"Matriculamos vocês todos em escolas religiosas particulares e caras. As aulas começam na próxima segunda-feira. Agora subam com as criadas para os seus quartos e se lavem. Dentro de meia hora, o cozinheiro vai tocar a sineta do jantar. Assim que ouvirem, vocês todos devem descer imediatamente. Entenderam?"

Solenemente, concordamos com a cabeça. Na escada, o Irmão Grande murmurou: "Para ela, nós não somos pessoas diferentes. Aqui, nós todos viramos uma unidade só, conhecida como 'vocês todos'. Parece que é assim que vai ser daqui para a frente".

## 6
## O primeiro dia de aula
## 第一天上學

Na segunda-feira de manhã, como tia Baba ainda estava em Tianjin, uma empregada me ajudou a vestir o uniforme de escola novinho. Era um pouco comprido demais, duro de goma, todo branco, e tinha o nome da minha nova escola, Sagrado Coração (Sheng Xin 聖心), bordado em caracteres chineses vermelhos no bolso do lado esquerdo do peito.

Depois do café da manhã, por um tempo que pareceu muito longo, fiquei esperando alguém me levar para a escola, imaginando quem iria ser. Estava excitada de começar a primeira série em minha nova escola primária, que ficava vizinha à escola média Aurora, da Irmã Grande. A Irmã Grande, porém, ainda não levantara. As aulas dela estavam marcadas para começar uma hora depois das minhas. O motorista já havia saído para levar meus irmãos à academia São João, que ficava na direção oposta.

Avistei o cozinheiro com sua bicicleta, certamente ele iria ao mercado. Ele me viu olhando para ele.

"Quem vai levar você para a escola?", perguntou.

"Não sei." Eu estava nervosa e não consegui evitar um olhar ansioso para o grande relógio que fazia seu tique-taque na sala. Estava ficando tarde, e todo mundo havia se esquecido de mim. O que eu devia fazer? À beira do pânico, comecei a chorar.

O cozinheiro encolheu os ombros. "Com certeza não é tarefa *minha*. Ninguém me falou nada." Ele estava pronto para subir na bicicleta e ir embora, quando percebeu minhas lágrimas. "Ora, ora! Não chore! Chegar atrasada na escola não é o fim do mundo... ah, tudo bem! Venha comigo, então!", resmungou rudemente ao me levantar e acomodar no cano da

*33*

bicicleta. "Por acaso a sua escola primária Sheng Xin fica vizinha ao mercado. Sente aí, quietinha, e não se mexa. Vamos chegar lá num minuto."

Quando as aulas terminaram, no começo da tarde, esperei junto com os outros alunos da primeira série no portão da escola. Um a um, foram todos recolhidos por mães atentas e ansiosas. Eu acabei ficando por último. Ninguém veio me buscar. O portão de metal fechou vagarosamente, com um ruído, atrás de mim, enquanto eu assistia meus colegas se dispersarem, cada um segurando a mão de sua mãe e contando alegremente as aventuras do primeiro dia de aula. Depois de muito tempo, espiei por uma fresta o parquinho deserto. Não havia ninguém à vista. Com todo o cuidado, empurrei o pesado portão. Estava solidamente trancado. Tremendo de medo, entendi que ninguém viria me buscar. Envergonhada demais para bater palmas ou chamar, fui caminhando hesitante pelas ruas de Xangai. Se eu tentasse, certamente ia conseguir lembrar o caminho de casa.

Era uma linda tarde ensolarada. Primeiro, segui por uma rua larga e reta, ladeada de árvores frondosas. Carros, bondes, riquixás, triciclos e bicicletas passavam depressa. Fui andando, mas não ousei atravessar a rua. Passava os olhos pelas lojas abertas, as placas bilíngues coloridas afixadas no alto. Virei uma esquina, e agora a rua fervia de gente, barulho e agitação: cules levavam pesadas cargas penduradas em bambus nos ombros; vendedores ambulantes ofereciam brinquedos, grilos em gaiolas, leques, chá gelado, balas, pães recheados com carne, rolinhos primavera, coadores de chá e pasta de feijão fermentado; barracas e cabines punham à disposição serviços como cabeleireiro, barbeiro, dentista, escritor de cartas, extrator de cera de ouvido; mendigos batiam canecas de lata e cantarolavam por uma esmola. Todo mundo caminhava com determinação, indo para algum lugar. Menos eu. Todo mundo tinha um destino. Devo ter andado quilômetros e quilômetros. Mas onde estava?

Será que devia entrar em uma loja e pedir orientação? Mas eu não sabia o endereço de casa. O que devia dizer? Será que devia me aproximar daquele velho comerciante que sorria gentilmente para mim da porta de sua loja de antiguidades e dizer a ele: "Por favor, meu senhor, quero ir para casa"? Mas *onde* era minha casa?

Escurecia. Luzes brilhantes de neon, azuis, amarelas, vermelhas e laranja, se acenderam e ficaram piscando para mim. Será que ninguém em casa tinha dado pela minha falta? Será que pensavam que eu ainda estava na escola? Estariam me procurando? O que eu devia fazer?

Passei por uma movimentada e bem iluminada casa de lanches *dim sum*. Era tão bom o cheiro que vinha lá de dentro! Pela vitrine, namorei patos assados, galinhas ao molho de soja e pedaços de carne de porco brilhante pendurados em ganchos. Havia um jovem chef que brandia seu cutelo em cima de um cepo de madeira, cortando habilmente um pato em bocados que coubessem na boca. Não seria divino ganhar uma fatia de carne? Mas era demais desejar uma coisa dessas. Eu ficaria bem contente com um pedaço de osso para roer. Salivando, imaginei o gosto da comida descendo pela minha garganta. O café da manhã parecia tão distante!

Alguém tocou meu ombro. Assustada, olhei para cima. Uma mulher grande, de cara vermelha, que eu tinha acabado de ver ocupada com as mesas do restaurante, estava falando comigo: "Está parada aí há quase meia hora. O que faz sua mãe que deixa você esperando aqui sozinha? Ela não sabe que é perigoso uma menina pequena como você sozinha na rua desse jeito? Combinou de jantar com ela aqui?".

Baixei a cabeça e arrastei os pés, aterrorizada. "Venha esperar sua mãe aqui dentro", ela ordenou ao ver meu uniforme de escola novinho. "Minha filha também começou hoje na escola."

Lá dentro era quente e barulhento. Fiquei parada, hesitante, perto da porta. De repente, vi um telefone preto junto ao caixa! Nossa! No dia anterior, o Irmão Grande e eu estávamos brincando, e ele me ensinara um novo jogo de números que acabara de inventar. "Pegue qualquer número, some, subtraia, multiplique ou divida. O primeiro que fizer o número 13 ganha!"

"Que número a gente deve usar, Irmão Grande?", eu perguntara.

"Desça lá e veja o nosso número de telefone", ele havia dito. "Está marcado na frente do telefone, na escada."

Eu desci correndo para ver o número, e brincamos com isso a tarde toda: de trás para a frente e da frente para trás, separando o número e depois reconstruindo. 79281! Era isso! 79281!

"Por fim, o Irmão Grande venceu! Ele havia decomposto 79281 em 9, 8, 21 e 7:

$$9 - 8 = 1$$
$$21 \div 7 = 3$$

Então colocou o número 3 à direita do número 1 e obteve 13, ganhando o jogo. Eu bati palmas de alegria e admiração, honrada de o Irmão Grande ter se dignado a brincar comigo a tarde toda.

Ninguém estava olhando quando peguei o telefone e disquei. Papai atendeu no terceiro toque.

"Fale alto!" Papai estava gritando. "Tem muito barulho aí. Quem está falando?"

"É sua filha, a Quinta Filha (Wu Mei 五妹)."

"Onde você está?", perguntou papai com a voz tranquila, bem calmo; e de repente, com uma fisgada, me dei conta de que ninguém sentira a minha falta. Eles nem sabiam que eu não estava em casa.

"Estou num restaurante, me perdi quando tentei voltar da escola."

"Por favor, me passe o proprietário. Não saia daí, que eu vou buscar você."

Logo depois, papai chegou e me levou para casa no seu grande Buick preto. O tráfego estava tranquilo, e ele dirigia em silêncio. Quando chegamos, ele fez um agrado na minha cabeça. "Na próxima ocasião que for a algum lugar pela primeira vez", aconselhou, me dando um mapa de Xangai que tirou do porta-luvas do carro, "olhe este mapa e descubra onde você está e aonde quer ir. Assim você não se perde mais."

É exatamente o que vou fazer, pensei comigo. Depois do jantar, vou pedir ao Irmão Grande que me ensine a ler o mapa. Como tia Baba ainda está em Tianjin, evidentemente ninguém vai cuidar de mim. Vou ter de me virar sozinha.

# 7
## *Reunião de família*
## 全家團聚

O Irmão Grande me disse que Ye Ye, tia Baba, o Terceiro Irmão e a Irmãzinha deviam chegar a Xangai no último domingo de outubro. Comecei a contar os dias. A Irmãzinha havia sido separada da mãe, Niang, desde os seis meses de idade. Agora tinha quase dois anos, e tia Baba mencionara em sua última carta que ela estava começando a balbuciar em mandarim, com forte sotaque de Tianjin. Que adorável!

Na manhã da chegada deles, papai e o motorista foram buscá-los na estação. Eu estava louca de alegria por reencontrar minha adorada tia Baba e Ye Ye. O Terceiro Irmão parecia mais alto e mais magro, mas a Irmãzinha era quem tinha mudado mais. Tia Baba a vestira com uma linda calça de seda cor-de-rosa, com casaquinho combinando, e sapatos de pano rosado. O cabelo dela estava bem penteado em duas tranças amarradas com fita que ficavam levantadas de cada lado e sacudiam quando ela andava. Parecia uma grande boneca com seus enormes olhos redondos e sua bochecha vermelha, correndo pela sala de estar. Examinou os pratos de doces, as sementes de melão, o amendoim, as fatias de gengibre e as ameixas salgadas servidas na mesinha de centro, e depois voltou correndo para tia Baba. Todos nós a chamávamos e disputávamos sua atenção quando ela nos provocava avançando um pouco e voltando depressa para tia Baba.

Niang insistiu muito com sua filhinha para que fosse com ela. Mas, para a Irmãzinha, sua mãe era uma estranha, e ela a ignorou. Niang usava um vestido de seda parisiense marrom-escuro, com pingentes de pérolas nas orelhas e um colar de grandes pérolas no pescoço. A cinco metros de distância podia-se sentir o aroma forte e enjoativo de seu perfume.

Tentando ajudar, tia Baba desembrulhou uma bala e a sacudiu. A Irmãzinha correu depressa para a tia. Tia Baba entregou o doce para Niang, que o sacudiu para lá e para cá, tentando atrair a filha. A Irmãzinha rejeitou o suborno, ficou amuada, correu para o prato de balas e derrubou o conteúdo no tapete.

Visivelmente impaciente, Niang aproximou-se da Irmãzinha enquanto nós lutávamos para pegar as balas. "Menina malcriada!", gritou o Quarto Irmão, de quatro anos, para a irmã menor.

"Não devia ter feito isso!", acrescentou a Irmã Grande com voz severa, tentando conquistar os favores de Niang. Nós, os outros, ficamos quietos.

"Não quero você!", disse a Irmãzinha diretamente para Niang, com voz bem clara. "Não gosto de você. Vá embora!"

Surpresa e ferida, Niang curvou-se para carregar a filhinha, que esperneava e resistia com todas as suas forças. Caiu um silêncio pesado sobre a sala. Todos os olhos estavam sobre as duas, mãe e filha, que se debatiam. A Irmãzinha agora uivava bem alto, com lágrimas rolando pelas faces. "Não quero você!", repetia, gritando. "Tia Baba! Tia Baba! Diga para ela ir embora! *Vá embora*!"

Ninguém disse uma palavra quando Niang carregou a filha que chorava e chutava, e com firmeza a colocou sentada ao seu lado no sofá. A Irmãzinha empurrava cegamente o pescoço e o rosto da mãe, agora vermelho e contraído de frustração. "*Fique quieta!* ", gritou Niang várias vezes, com uma voz aguda. Na confusão, o colar de pérolas em seu pescoço arrebentou, e as preciosas pérolas caíram uma a uma, se espalhando pelo tapete e pelo chão de madeira.

Isso foi demais para Niang. Exasperada, ela deu um tapa ardido no rosto da criança. A Irmãzinha chorou ainda mais alto. Deliberadamente maldosa, Niang então se pôs a bater ainda mais na filha. As bofetadas atingiam as orelhas, as bochechas, o pescoço e a cabeça da Irmãzinha. Todo mundo se acovardou. Os adultos evitavam olhar uns para os outros, e nós, crianças, nos encolhemos em nossos lugares.

Eu não entendia por que papai, Ye Ye e tia Baba nem tentavam interromper o ataque. Por que ninguém protestava? Senti vontade de fugir correndo, mas não ousei sequer me mexer. Sabia que tinha de ficar calada, mas as palavras me sufocaram, e me vi forçada a dar vazão a elas. Por fim, não aguentei mais e, tremendo de terror, despejei: "Não bata mais nela. É só um bebezinho!".

Meu protesto pareceu interromper o frenesi de Niang. Os gritos da Irmãzinha também diminuíram, até virarem só um choramingo. Niang me fuzilou com seus olhos grandes e salientes, que pareciam sair das órbitas de tanta fúria. "Como *ousa*?", ela sussurrou. Durante alguns segundos, temi que passasse a bater em mim. Do outro lado da sala, tia Baba me lançou um olhar de alerta e fez um ligeiro movimento de cabeça para que eu não dissesse mais nada.

Naqueles poucos momentos, nós entendemos tudo. Não só sobre Niang, mas sobre todos os adultos. Agora que Nai Nai tinha morrido, não havia mais dúvidas sobre quem estava no comando.

Fumegando de raiva, Niang estendeu lentamente o braço direito e me apontou o dedo. Eu me vi tomada de pânico, e só enxerguei a unha comprida, vermelha, brilhante, perfeitamente manicurada de minha madrasta apontada direto para mim. Depois ouvi suas palavras carregadas de maldade, que fizeram meu coração dar um pulo e me arrepiaram os cabelos da nuca. "Saia!", ela rosnou com uma voz fria, dura. "Não vou perdoar você nunca! Nunca! Nunca! Nunca! De agora em diante, é melhor você se cuidar! Vai *pagar* por sua arrogância!"

# 8
## *A tarifa do bonde*
## 車錢

Embora papai nos tivesse matriculado em escolas religiosas caras, ele e Niang instituíram um programa de economia para nos ensinar "o valor do dinheiro". Para começar, não recebíamos nenhuma mesada, nem mesmo para a tarifa do bonde. Não tínhamos nada para vestir além dos uniformes da escola. A Irmã Grande e eu recebemos ordem de manter o cabelo curto, liso e antiquado. Para meus três irmãos era muito pior: rasparam suas cabeças no estilo dos monges budistas, e os colegas caçoavam impiedosamente deles.

Minha escola ficava a mais de dois quilômetros de casa, pegada à escola da Irmã Grande. O bonde número 8 ia direto de porta a porta. A academia São João ficava a quase cinco quilômetros, e dava para ir lá no mesmo bonde número 8, quando pegava a direção oposta.

Assim que Ye Ye chegou a Xangai, nós lhe pedimos dinheiro, e ele nos deu o suficiente para irmos de bonde à escola. Dois meses depois, Ye Ye gastara todo o seu dinheiro. Uma noite, durante o jantar, quando todo mundo já estava comendo a sobremesa, tia Baba mencionou que resolvera voltar a trabalhar como caixa no banco da tia-avó. (A tia-avó era a irmã mais nova de Ye Ye, muito bem-sucedida. Muitos anos antes, ela havia fundado o Banco das Mulheres de Xangai, e ficara fabulosamente rica.) Esse era provavelmente o jeito de tia Baba lembrar papai de que ela e Ye Ye haviam ficado sem dinheiro para suas necessidades diárias. Nós prendemos a respiração por eles.

Papai e Niang pareceram incomodados. "Você não precisa trabalhar como uma pessoa do povo", papai disse. "Tem tudo aqui. Além disso, Ye Ye aprecia a sua companhia em casa. Se vocês precisam de dinheiro, por que não vêm até nós e simplesmente pedem? Já disse a vocês dois que, se eu estiver ocupado no escritório, basta falar com Jeanne (Niang), e ela lhes dará o dinheiro."

Como era possível uma coisa dessas?, perguntei a mim mesma. Onde está o dinheiro de Ye Ye? Ele não é mais o chefe da nossa família? Por que, de repente, misteriosamente, dependia de papai e de Niang até para os trocados? Eu ficava arrepiada de pensar em meu suave e digno avô implorando trocados à minha madrasta.

"Vocês dois são muito generosos, e têm tantos empregados que não encontro muito o que fazer para ajudar", tia Baba respondeu, polida. "As crianças passam o dia inteiro na escola. Ir para o trabalho todos os dias vai me fazer sair de casa e me dar uma ocupação."

Papai apelou então para Ye Ye. "O que o senhor acha? Não vai sentir falta dela?"

"Deixe Baba trabalhar, se é o que quer", respondeu Ye Ye. "Ela gosta de gastar o salário dela jogando *mah-jong* e comprando presentes para as crianças. Por falar nisso, eu queria ter conversado sobre esse assunto antes. As crianças precisam receber uma mesada regular."

"Para quê?", perguntou papai, voltando-se para nós. "Vocês não têm tudo de que precisam?"

"Sim, menos uma coisa", respondeu a Irmã Grande, falando por todos nós. "Precisamos da tarifa diária do bonde para ir à escola."

"Tarifa do bonde?", perguntou Niang, dura. "Quem disse que vocês podiam tomar o bonde? Por que não podem andar? O exercício lhes fará bem."

"É tão longe ir a pé até a São João. Quando a gente chega lá, já é hora de voltar", disse o Irmão Grande.

"Bobagem!", exclamou papai. "Andar faz bem para crianças em crescimento como vocês."

"Detesto andar!", resmungou o Irmão Grande. "Principalmente logo que acordo, de manhã."

"Como ousa contradizer seu pai?", ameaçou Niang. "Se ele mandar vocês irem andando para a escola, o dever de vocês é obedecer. Estão ouvindo?"

Intimidados, nós nos calamos e olhamos para Ye Ye, esperando que viesse em nossa defesa; mas ele manteve os olhos no prato e continuou descascando sua maçã. De repente, a Irmã Grande arriscou. "Ye Ye sempre nos dá uns trocados. Estamos acostumados a ir para a escola de bonde. Ninguém na minha classe vai a pé para a escola. A maioria dos meus colegas vai de carro particular."

Niang ficou enfurecida. "Seu pai trabalha duro para sustentar todo mundo nesta casa", exclamou em voz alta e zangada, lançando um rápido olhar para Ye Ye e tia Baba. "Vocês se acham espertinhos, é?, de tirar dinheiro de Ye Ye sem o conhecimento de seu pai?!? Nós os matriculamos em escolas caras para que crescessem direito. Não queremos, de jeito nenhum, que virem crianças vagabundas e mimadas. De agora em diante, estão todos proibidos de incomodar Ye Ye ou tia Baba pelas nossas costas, pedindo dinheiro. Entenderam?"

Embora suas palavras fossem dirigidas a nós, evidentemente diziam respeito a Ye Ye e a tia Baba também. Ela fez uma breve pausa e continuou: "Não estamos dizendo que vocês nunca mais vão andar de bonde. Só queremos que reconheçam seus erros do passado. Admitam que estavam errados. Prometam que vão mudar para melhor. Venham até aqui e peçam desculpas a nós. Digam que de agora em diante vão se comportar de outro jeito. Só vamos dar a tarifa do bonde se vocês estiverem realmente arrependidos".

A sala estava totalmente silenciosa. O único som que se ouvia era o de Ye Ye mastigando sua maçã. Ele com certeza ia dizer alguma coisa para pôr Niang em seu devido lugar! As empregadas, sem fazer barulho, traziam toalhas úmidas e quentes para limparmos os dedos e a boca. Então Niang falou de novo, num tom bem açucarado, olhando diretamente para Ye Ye com um sorriso: "Estas tangerinas estão tão suculentas e doces. Veja, coma uma! Deixe que eu descasco para o senhor".

De início, ficamos furiosos! Toda a história da tarifa do bonde estava ligada de alguma forma ao estabelecimento de uma nova hierarquia dentro da família. Agora que Nai Nai tinha morrido, Niang ia assumir o controle? Dissemos entre nós que sempre seríamos leais a Ye Ye. Se fosse preciso, iríamos a pé à escola para sempre (ou pelo menos até a formatura), para mostrar nossa lealdade a ele.

Dez dias depois, vi a Irmã Grande descendo do bonde no ponto mais próximo da nossa rua. Embora ela tivesse me ignorado e eu não tivesse coragem de lhe dizer nada, era evidente que havia se rendido.

Meus três irmãos resistiram semana após semana. A São João era tão longe! O tempo ficou frio e ruim. Eles se levantavam no escuro e voltavam para casa exaustos. Um após o outro, eles acabaram se rendendo.

Embora Ye Ye e tia Baba insistissem sempre comigo para descer e implorar a minha tarifa de bonde, eu simplesmente não conseguia fazer isso. Por quê? Eu mesma não sabia direito. Alguma coisa a ver com lealdade, justiça e senso de obrigação. Não discuti isso com ninguém, nem mesmo com tia Baba. Apenas não conseguia me forçar a ir até Niang e admitir que no passado eu errara (e portanto meu Ye Ye também). Além disso, não me parecia certo trair meu avô, principalmente porque eu tinha sido a primeira a pedir dinheiro a ele.

Quando chovia a cântaros e o vento uivava nas ruas, eu apertava os dentes e enfrentava a jornada que parecia não ter fim pela avenida Joffre. Ao chegar encharcada ao portão da escola, tentava não olhar para minhas colegas que desciam com elegância de riquixás, triciclos e carros com motoristas. Eu sabia que algumas riam de mim pelas costas e cochichavam que eu pegava o meu bonde particular número 11 para a escola todo dia, querendo dizer com isso que minhas pernas me levavam.

Nas tardes de domingo, com frequência Niang chamava meus irmãos para seu quarto lá embaixo (que o Terceiro Irmão havia apelidado de "Santo dos Santos") para receber as tarifas do bonde. Ao ouvir isso, eu sentia uma punhalada de angústia, porque era a única sempre excluída. A Irmã Grande às vezes voltava para cima para se exibir arrumando as moedas enfileiradas na minha cama, contando em voz alta na minha frente, uma a uma.

# 9
## Ano-novo chinês
## 唐曆新年節

Estávamos esperando o Ano-novo chinês havia semanas. Era feriado não só para todos os estudantes da China, mas também para os adultos. Até papai ia folgar três dias inteiros para comemorar. Pela primeira vez desde que tínhamos saído de Tianjin, um alfaiate veio a nossa casa para tirar medidas de todos e fazer roupas novas. Na China, usava-se roupa nova no dia de Ano-novo para simbolizar um novo começo.

Na noite de Ano-novo, papai e Niang nos chamaram ao andar de baixo, para o Santo dos Santos, e nos deram nossas roupas novas. Meus três irmãos ficaram terrivelmente decepcionados ao descobrir três túnicas chinesas largas, compridas, idênticas, feitas de lã azul-escura, com colarinho mandarim tradicional e botões de tecido. A Irmã Grande recebeu um vestido *qipao* chinês de matelassê de seda. Eu ganhei um costume marrom básico do mesmo tecido que sobrou da roupa da Irmã Grande. O Quarto Irmão, porém, ganhou um estiloso costume com colarinho Peter Pan, gravata e cinto combinando, e a Irmãzinha recebeu um moderno vestido de tricô enfeitado com fitas e laços.

Nós, os cinco enteados, marchamos de volta para cima frustrados. Meus irmãos jogaram as roupas em cima da cama, com desprezo. Estavam esperando ternos em estilo ocidental, camisas e gravatas. Atualmente, era isso que os colegas que ditavam a moda estavam usando na São João.

"Lixo!", declarou o Irmão Grande, jogando para o ar a roupa nova e chutando. "Quem quer uma porcaria dessas? Parece que estamos vivendo na dinastia Qing! Como se já não bastasse a gente ser chamado de 'os três monges budistas'! Se nos virem vestidos com essas roupas antiquadas e fora de moda, melhor nem pensar mais em ir à escola!"

"Outro dia", reclamou o Terceiro Irmão amargamente, "meu companheiro de carteira me perguntou quando eu ia começar a deixar crescer um rabo de cavalo e raspar a testa. 'Quem sabe você está planejando ser o novo imperador Pu Yi e morar na Cidade Proibida!', ele me disse."

"O que me deixa furiosa", disse a Irmã Grande, "é a diferença gritante entre nós e os filhos dela. Não me importaria se nós sete fôssemos tratados do mesmo jeito. Se eles realmente acreditam em roupas tradicionais, então todos os sete filhos deviam se vestir assim, não só nós cinco."

"Além da roupa", interrompeu o Segundo Irmão, "o que dizer das nossas cabeças raspadas? Não vejo o Quarto Irmão usando o corte 'monge budista especial'! Ora, o principezinho corta o cabelo no cabeleireiro infantil mais chique da Nanjung Lu. Quando ele fica ao lado da gente, parece que saímos de séculos diferentes!"

"Papai quer nos ensinar o valor do dinheiro", acrescentou o Irmão Grande, "mas os filhos *dela* podem pedir o que quiserem na cozinha a qualquer hora do dia ou da noite. Nós temos de comer só três refeições diárias, com mingau de arroz e vegetais em conserva no café da manhã todos os dias, mas vejo o cozinheiro preparando bacon, ovos e torradas, frutas frescas e melão para o café da manhã *deles*. Domingo passado, entrei na cozinha e disse ao cozinheiro que queria uma fatia de bacon. O idiota nem me respondeu direito. 'Tenho as minhas ordens', ele disse. 'Bacon é só para o primeiro andar.' Um dia, dou um soco na boca daquele sujeito!"

"Está ficando realmente intolerável!", reclamou a Irmã Grande, baixando a voz e me pedindo com um gesto que fechasse a porta. Obedeci de bom grado, feliz de fazer parte daquilo. "Nós temos de tomar cuidado. Niang tem seus espiões. A nova dublê de babá e professora que ela contratou para os filhos dela, essa srta. Chien, me dá arrepios. É tão viscosa e subserviente, sorrindo e se curvando o tempo todo. Ontem, ela me pegou num canto e me convidou para tomar o chá da tarde com o Quarto Irmão e a Irmãzinha nos aposentos deles. Nunca vi tanta coisa boa — sanduichinhos, broinhas torradas, bolo com creme de castanhas, rolinhos de salsicha. Nós aqui restritos a café da manhã, almoço, jantar e a morrer de fome entre as refeições, enquanto nossos meios-irmãos jogam as sobras pela janela para Jackie no jardim. É tão injusto! E a srta. Chien ficou me interrogando sobre Ye Ye, tia Baba, sobre vocês todos e sobre o que eu achava de Niang. É claro que não abri o bico. Tenho certeza de que tudo o que eu disse foi levado direto para a nossa madrasta."

"Eu simplesmente *detesto* essa enxerida dessa alcagueta da srta. Chien", confessou o Irmão Grande. "Anteontem, papai chamou nós três lá para baixo, para o Santo dos Santos. *Grande* sermão! 'A srta. Chien disse que um de vocês estava brincando com a torneira do tanque de água filtrada na escada. Quantas vezes já disse para vocês não beberem daquele tanque? Aquilo está *permanentemente* proibido a vocês, entenderam? Se quiserem beber água, peguem da garrafa de água quente da cozinha. Além disso, vocês têm o costume de deixar a torneira aberta quando não tem água. Depois, quando a água passa pelo filtro, forma-se uma grande poça na escada. Sua mãe não quer mais saber disso!' Então nós dissemos que *nem tocamos* na torneira. E ele acreditou? Claro que não! Eu disse a papai que tinha visto a srta. Chien mexendo na torneira de manhã cedo. Talvez ninguém tivesse contado a ela como o tanque de água é enjoado. E qual o resultado final? Papai prefere acreditar *nela*, e cada um de nós levou duas lambadas com o chicote do cachorro! A mentirosa! *Odeio* aquela mulher!"

"Isso não pode continuar", declarou a Irmã Grande. "Vamos nos organizar! Se nós nos unirmos para protestar a uma só voz, eles não vão nos ignorar. Que tal uma greve de fome? Com certeza vai chamar a atenção deles! Está disposta a ficar do nosso lado, Quinta Irmã Mais Nova?"

Fiquei emocionada de a Irmã Grande se dirigir pessoalmente a mim. "Claro que estou!", exclamei ardentemente. "Mas não acho que uma greve de fome vá funcionar. Eles vão é ficar contentes se a gente não comer. Cinco bocas a menos para alimentar, só isso. Para uma greve de fome dar certo, eles tinham de se preocupar se a gente vai viver ou morrer."

"Eu sou por uma revolução!", exclamou o Segundo Irmão. "Guerra declarada! A gente entra na cozinha, abre a geladeira, come o que quiser e enfrenta as consequências. O que eles podem fazer? A comida já vai estar no nosso estômago, sendo digerida. Não vai ser tão fácil tirar de volta."

"Você é sempre tão impulsivo e estourado!", exclamou o Irmão Grande, crítico. "Igualzinho àquele precipitado daquele general Zhang Fei (張飛) na Guerra dos Três Países. Temos de ser mais sutis e pacientes. A diplomacia e o subterfúgio são sempre superiores ao confronto. Vamos pedir uma reunião particular com papai e apontar essas desigualdades de um jeito calmo, racional."

"Não vai dar certo!", aconselhou o Terceiro Irmão. "Papai nunca vai se sentar à mesa sem Niang. Que tal uma carta anônima escrita em chinês, enviada a papai pelo correio? Niang não lê nada de chinês. A Irmã Grande pode escrever com tinta e pincel. A caligrafia dela é excelente e pode passar pela de um adulto!"

"Ideia brilhante!", exclamou a Irmã Grande. "Vamos fazer um rascunho agora!" Nós nos curvamos sobre a mesa murmurando sugestões, cada vez mais excitados com a nossa escapada. O Terceiro Irmão resolveu que enquanto a carta estava sendo escrita podia ir ao banheiro se aliviar. Abriu a porta, deu um passo para fora e, para seu horror, quase tropeçou em Niang — que estava parada logo ali, atrás da porta, com a orelha colada nela.

Pálido, petrificado, olhou mudo para nossa madrasta sem fechar inteiramente a porta, enquanto ela o encarava, desdenhosa. Fez-se um silêncio mortal, e o Terceiro Irmão começou a tremer de terror.

Lentamente, Niang levou o indicador direito aos lábios, alertando-o para não fazer barulho. Então, com a mão esquerda aberta, ela mandou que seguisse adiante.

No banheiro, o Terceiro Irmão trancou a porta com todo

o cuidado. Ao lembrar do olhar intimidante de Niang, sua imobilidade de esfinge, a expressão ameaçadora, ele foi tomado por um ataque de náusea. Ela estaria ouvindo há quanto tempo? O que teria ouvido? Será que todo mundo ainda estava tramando? Será que iam expulsá-lo de casa? Para onde iria? Vomitou diversas vezes, lavou a boca na torneira depois de cada vez, temendo o momento da verdade. Se ao menos pudesse retardar indefinidamente a sua volta e ficar ali para sempre! Sozinho. Sem envolvimento. Longe de todos. Atrás da porta trancada...

Uma ideia de repente o atingiu como um raio. E se Niang ainda estivesse esperando a sua volta? Será que a sua ausência podia constituir um aviso deliberado aos outros de que alguma coisa estava para ocorrer? Quanto tempo fazia que tinha saído? Sentiu a boca seca, deu a descarga depressa e abriu a porta. As pernas pareciam ceder debaixo do corpo de um jeito estranho.

Voltou correndo e viu logo que não havia ninguém parado no corredor. Sentiu uma onda de alívio. A porta ainda estava ligeiramente aberta, como ele havia deixado, mas Niang não estava mais ali. Dava para ouvir claramente o murmúrio da Irmã Grande, colorido de determinação e excitação, flutuando pelo corredor. Niang devia ter registrado cada palavra.

Voltou e caiu sentado em sua cadeira, absolutamente arrasado. "Acabou! Estamos perdidos!", gritou, trêmulo, sacudido de medo. Com voz pesada, relatou o encontro na porta do quarto.

Um silêncio profundo e preocupado caiu sobre nós. Nós nos olhamos, confusos. Devagar, mas metodicamente, nos pusemos a destruir todos os rascunhos da incriminadora carta "anônima" de apelo a papai. A Irmã Grande picou o papel enquanto murmurava sem parar: "Neguem tudo!". O Irmão Grande acendeu um fósforo e reduziu tudo a cinzas, que jogamos pela janela. Quando tocou a sineta do jantar, corremos estoicamente para baixo para encarar o destino, dizendo uns aos outros que ficaríamos juntos e que resistiríamos como uma frente unida.

Estávamos preparados para o confronto, mas o jantar

transcorreu sem incidentes. Na verdade, Niang parecia mais cordial que de costume, nos lembrando que no dia seguinte seria Ano-novo. Devíamos usar nossas roupas novas. Como prêmio especial, receberíamos um ovo de pata com sal no café da manhã, depois papai nos levaria para dar uma volta de carro no Bund, o grande aterro ao longo do rio, terminando com uma visita ao banco de nossa tia-avó na Nanjung Lu 480, onde fôramos convidados para o almoço.

Quando voltamos para cima depois do jantar, sem que nada tivesse sido mencionado, nem acreditávamos na nossa sorte. Começamos a questionar a sanidade do Terceiro Irmão, mas ele sustentou a história. "Talvez", sugeriu, sombrio, "a gente esteja sendo deixado em um estado de incerteza, porque é disso que Niang mais gosta. O jogo de gato e rato." Mais uma vez, começamos a ficar doentes de apreensão, mas só nos restava esperar.

O que Niang resolveu fazer foi dividir a nossa lealdade recíproca, recrutando a nossa líder, a Irmã Grande, para o lado *deles*.

No dia seguinte, quando nos levantamos da mesa depois de um festivo jantar de Ano-novo, Niang sorriu para a Irmã Grande e convidou-a a mudar-se para o andar de baixo, para um quarto extra do primeiro andar, o andar *deles*.

O convite despertou em nós emoções perturbadoras.

Depois que a Irmã Grande se mudou para o primeiro andar, ela começou a fazer pose e a se afastar de nós, que continuávamos no andar de cima. Ela queria muito agradar a Niang, e assim ganhar seus favores. Aos poucos foi entendendo a importância de manter boas relações com a srta. Chien, que dormia no quarto dos dois filhos de Niang e atendia a todos os desejos deles, sobretudo aos do Quarto Irmão, o queridinho de Niang. Com o correr dos dias, a atitude da Irmã Grande com a srta. Chien passou por uma profunda transformação. As duas ficaram amigas, ligadas pela capacidade e pelo apetite de intriga. A Irmã Grande corria em volta de Niang toda vez que tinha oportunidade para desfiar suas reclamações contra os antigos aliados, festejar os favoritos e fofocar contra os que haviam caído em desgraça. Ela ostentava seu recém-descoberto poder para instilar medo, e Niang a recompensava com favores especiais: presentes, trocados, saídas com amigas.

Não havia mais reuniões particulares entre nós cinco, muito menos cartas anônimas a papai.

Cheios de inveja e descontentamento, nós quatro nos reunimos para discutir a situação.

"Por que *ela* está sendo assim favorecida?", perguntou o Irmão Grande. "Isso ficou mais evidente depois que Niang nos espionou na noite de Ano-novo. Niang deve ter descoberto que a Irmã Grande era nossa líder. Ela é a única capaz de disfarçar a caligrafia para escrever uma carta anônima convincente para papai, em chinês. O que está havendo entre ela e Niang? Não confio em nenhuma das duas. Elas são idênticas, e hão de aprontar alguma coisa horrível se juntando desse jeito."

"A lealdade a Niang está estampada na cara dela", acrescentou o Segundo Irmão. "Ela me dá nojo."

"Ela deve inventar as piores mentiras sobre nós e apimentar bem tudo o que Niang gosta de ouvir," concordou o Terceiro Irmão. "O método que ela usa para obter vantagens é fornecer informações sobre todo mundo aqui de cima."

"As empregadas estavam levando móveis para o quarto dela ontem. A porta estava aberta, e eu entrei", revelou o Irmão Grande. "Sabe que ela agora tem escrivaninha própria e uma cômoda com gavetas? Aqui, nós três temos de dormir no mesmo quarto, e ela não só tem um quarto só dela como tem colcha de cama branca de renda e cortina combinando! Quando eu estava lá olhando, ela entrou atrás de mim, bateu no meu ombro. 'No futuro, bata e peça licença antes de entrar aqui!', ordenou. Eu quase vomitei quando ouvi sua voz agressiva e mandona! Parecia que tinha se transformado na própria Niang!"

"É óbvio que ela desertou", disse o Terceiro Irmão. "Do jeito que ela se exibe! Ontem eu estava subindo a escada quando vi a Irmã Grande na porta do dormitório do Quarto Irmão, implorando a ele um 'pedacinhozinho' de bolo de chocolate para

aguentar até o jantar. Fiquei enojado só de ver ela se desmanchando para aquele metidinho! Rastejando e se rebaixando daquele jeito! Que tipo de líder ela é, afinal? De que lado está? Eu prefiro *morrer* de fome a lamber as botas do Quarto Irmão."
O Irmão Grande virou-se para mim. "Vi a Irmã Grande com o braço no seu ombro ontem, fazendo perguntas. *Cuidado com ela!* É especialista em fingir afeição. Não confie nela e não conte nada a ela! Senão vai se machucar. Não esqueça que ela não é igual à Irmã Grande dos outros! Ela não ama ninguém, e *você*, com toda a certeza, ela não ama. Se pudesse, ela te matava!"
Não havia dúvida. Num piscar de olhos, a Irmã Grande tinha virado completamente para o outro lado.

Aproximei-me cada vez mais de minha tia. Nosso quarto passou a ser meu refúgio. Ao voltar da escola todas as tardes, ficava muito contente de entrar, fechar a porta e espalhar meus livros. Fazer a lição de casa era o único jeito de abrandar a angustiante incerteza à minha volta.
Sabia que Niang me detestava e desprezava minha tia. Ficava triste por tia Baba parecer condenada a uma vida de sujeição. Embora fosse ainda tão pequena, eu entendia como era estranha a posição dela: uma vez que os desejos de Niang vinham sempre em primeiro lugar, ela precisava demonstrar cautela, submissão e humildade o tempo todo.
Eu achava impossível falar a esse respeito. Era simplesmente doloroso demais. Em vez disso, tentava agradar a minha tia estudando bastante e trazendo boletins perfeitos. Além do mais, esse parecia ser o único jeito de agradar a meu pai ou conseguir receber dele alguma atenção.

Eu tinha sete anos, e estava na segunda série. As meninas da minha classe me apelidaram de "gênio" — em parte por causa de minha ficha escolar perfeita, mas também por causa de minhas redações e contos.

Comecei a escrever por acaso. A sra. Lin, minha professora de literatura chinesa, cuja filha, Lin Tao-tao, era minha colega de classe, uma vez passou uma lição de casa para a nossa turma: escrever uma composição intitulada "Meu melhor amigo". A maioria das meninas escreveu sobre a mãe. Eu não conhecia a minha, então escrevi sobre minha tia.

 Minha tia e eu moramos no mesmo quarto. Ela é minha melhor amiga e cuida de mim em tudo. Não só do meu cabelo, das minhas roupas, da minha aparência, mas também de meus estudos, das minha ideias e de quem eu sou. Apesar de eu não ser realmente nada, ela me faz pensar que sou especial. Quando recebo um boletim bom, ela o tranca num cofre, e a chave fica pendurada no pescoço dela, mesmo quando vai dormir, como se minhas notas fossem seu tesouro mais precioso.

 Minha mãe e minha tia eram as melhores amigas uma da outra. Às vezes, sonho com minha mãe na caminhada de ida ou de volta da escola. Penso que minha mãe vive num castelo mágico no alto de uma montanha. Um dia, se eu for muito boa e estudar bastante, ela vai descer numa nuvem para me resgatar e me levar para viver com ela. Aqui em Xangai, nenhum lugar se compara àquele em que ela está. É uma terra encantada, cheia de flores perfumadas, altos pinheiros, rochas bonitas, bambus que quase tocam o céu e passarinhos que cantam. Lá, toda criança pode entrar sem bilhete, e as meninas são tratadas do mesmo jeito que os meninos. Ninguém é desprezado, nem castigado sem razão. Chama-se Paraíso.

A sra. Lin me deu uma nota alta e pendurou minha composição no quadro de avisos. Daí em diante, eu escrevia sempre que tinha um momento livre. Era emocionante levar minhas tentativas literárias para a escola e ver minhas colegas passando-as escondido de carteira em carteira. Grupos de meninas se reuniam em torno de mim no recreio para discutir minhas histórias, ou para me ouvir ler em voz alta a última escapada de minhas heroínas imaginárias.

 Para mim, escrever era puro prazer; me emocionava ser

capaz de escapar dos horrores de minha vida diária de um jeito tão simples. Quando escrevia, eu esquecia que era uma filha indesejada que provocara a morte da mãe. Podia ser quem eu quisesse. Em minhas narrativas, despejava tudo o que não ousava dizer em voz alta na vida real. Era amiga de belas princesas e audazes cavaleiros que viviam na minha imaginação. Não era mais a menininha solitária intimidada pelos irmãos. Em vez disso, era a guerreira Mulan, que salvava dos perigos sua tia e seu Ye Ye.

Com o tempo, minhas histórias passaram a ser reais também para minhas colegas. Eu costumava usar o sobrenome Lin (林) para retratar uma vilã. Lin Tao-tao leu uma dessas histórias e, zangada, apagou o nome Lin e escreveu Yen (嚴, meu nome de família) no lugar. Em seguida, nós duas discutimos, com raiva, por uma ter usado o nome da outra desse jeito. Quando tentei apagar meu nome e recolocar o dela, Lin Tao-tao de repente caiu em prantos.

"É só de mentirinha!", protestei, sentindo vergonha por fazê-la chorar.

"Não! Não é! Você sabe que não é! Olhe, está apagando com tanta força que fez um buraco no papel."

Nós duas olhamos o buraco — e na hora entendi que estávamos discutindo por nada. Apontei o buraco e comecei a rir. "Estamos brigando por causa de um buraco", disse a ela. "Um buraco é nada! Estamos brigando por nada!"

Ela logo estava rindo também. "Que tal chamar a vilã de Wu-ming (Sem nome 無名)?", ela sugeriu. "Dessa forma, ninguém fica bravo com ninguém!"

"Brilhante! Aperte a minha mão!"

Assim, o título da minha história passou a ser "A vilã Sem Nome".

Apesar dos meus escritos e da ficha escolar, minhas colegas certamente suspeitavam que havia algo patético em mim. Eu nunca falava da minha família; não fazia nem aceitava convites para ocasiões fora da escola; e sempre me recusava a comer os doces ou guloseimas que minhas amigas traziam. O corte do meu cabelo, os sapatos, as meias e a pasta de livros não despertavam inveja. Ninguém de casa jamais vinha ficar comigo no dia da entrega de prêmios, apesar dos muitos prêmios que eu recebera.

Eles não sabiam que, na frente deles, eu tentava desesperadamente manter a aparência de que vinha de uma família normal, amorosa. Não podia de jeito nenhum contar a verdade a ninguém: o quanto Niang fazia com que me sentisse inútil e feia; como eu era considerada responsável por qualquer infortúnio; o quanto a minha simples presença era malvista; e como a minha mente era atormentada pela ansiedade, sempre sobrecarregada com um sentimento de culpa. O quanto eu simplesmente abominava a mim mesma e queria desaparecer, em especial quando estava na frente de meus pais.

O pior de tudo era que eu não via saída. Por isso achava tão difícil adormecer e às vezes fazia xixi na cama no meio da noite. Mas se tentasse bastante e estudasse muito, muito, talvez as coisas mudassem um dia, eu pensava comigo. Enquanto isso, não podia contar a ninguém como era tudo tão duro. Tinha apenas de ir à escola todo dia e levar dentro de mim essa horrível solidão, um segredo que jamais revelaria. Se não fosse assim, a máscara cairia, e papai e Niang nunca iriam gostar de mim.

# 10

## Dias de aula em Xangai
## 上海小學生

De todas as meninas da minha classe na escola Sheng Xin, Wu Chun-mei era a mais atlética. Ela pertencia a uma das mais ricas famílias de comerciantes de Xangai e morava em uma imponente mansão perto do Clube Francês, pelo qual eu passava todos os dias no caminho de ida e volta da escola. O pai dela abrira mão do comércio em favor da medicina e frequentara a faculdade nos Estados Unidos, onde Chun-mei havia nascido. A mãe era uma artista famosa, ilustradora de livros. Como era filha única, Chun-mei era privilegiada em vários aspectos.

Ela chamou minha atenção pela primeira vez quando jogamos peteca durante o recreio. Quando a peteca era jogada com raquetes por cima de uma rede, o jogo era chamado *badminton*. Na Sheng Xin, nós às vezes a usávamos para um jogo diferente. Chutávamos a peteca para cima e para baixo e somávamos o número de chutes dados sem interrupção. Aquela que alcançasse o maior número era a vencedora.

Sempre me considerei uma jogadora habilidosa, mas minha primeira partida contra Wu Chun-mei virou um espetáculo, um palco para o talento de minha oponente. Ao contrário de nós, que ficávamos felizes de chutar a peteca quinze vezes em seguida, Wu Chun-mei conseguia continuar indefinidamente. Enquanto chutava a peteca na frente, de lado e atrás, ela conseguia também bater palmas, cruzar as pernas e até dar uma volta completa com o corpo.

Aos poucos, fui ficando cada vez mais impressionada com Wu Chun-mei. Ela possuía força, agilidade, coordenação e uma capacidade surpreendente em todos os tipos de jogos físicos, principalmente pingue-pongue, *badminton* e voleibol. O melhor é que ela tinha uma feroz determinação, uma espécie de lealdade ilimitada a todas as suas parceiras de time. Como eu, ela adorava ler. Ao contrário de mim, ela podia trazer para a escola uma variedade incrível de livros para crianças — muitos traduzidos de línguas estrangeiras —, que generosamente emprestava a todo mundo.

Certa manhã, a caminho da escola, no carro do pai, dirigido por um motorista, ela me viu chegando a pé, carregando minha pesada pasta de livros. Pediu ao motorista que parasse e me ofereceu uma carona. Embora tenha ficado seriamente tentada, eu não tinha escolha senão recusar, dizendo com um sorriso que gostava de andar. Chun-mei não fez nada até duas semanas depois. Tinha chovido muito forte, e as ruas estavam inundadas. Havia alertas de tufão, e as aulas tinham terminado mais cedo. Muitas meninas ficaram perdidas, esperando que seus familiares viessem buscá-las. Chun-mei telefonou ao pai, que chegou imediatamente com seu carro para buscá-la. A caminho de casa, me viram chapinhando, com água pelo tornozelo.

Wu Chun-mei pediu que o pai parasse e baixou o vidro da janela do carro. "Quem é essa pequena figura solitária batalhando pela avenida Joffre deserta, enfrentando os elementos?", perguntou seu pai. "Que tal uma carona?"

"Não, não, obrigada!", falei depressa, apertando a pasta de livros com uma mão e o guarda-chuva com a outra. "É divertido andar numa tempestade como esta..." Assim que falei, uma rajada de vento quase me levantou da calçada. Meu guarda-chuva virou pelo avesso, e fui jogada contra um poste de luz.

De repente, o dr. Wu saiu do carro na chuva torrencial, parecendo quase zangado. "Não sabe que é perigoso andar num tempo destes?", perguntou. Depois, abrigando-me da chuva, me carregou e me colocou no banco de trás. Eu estava completamente encharcada, dos pés à cabeça. A água dos meus sapatos formou uma poça no tapete do carro. Meu cabelo, grudado na cabeça, gotejava. Eu não tinha capa. Meu uniforme estava grudado no corpo, e eu tremia. Sabia que devia estar horrível, mas senti que tinha de manter as aparências. Então sorri e falei das tempestades como se fossem uma grande aventura. Na entrada do jardim de casa, insisti em descer e andar até a porta porque morria de medo de enfrentar problemas por ter aceitado uma carona. Eu simplesmente não podia correr o risco de Niang me ver sendo levada de carro até a porta de casa. Eles devem ter pensado que eu era louca quando saí de novo para a tempestade.

Wu Chun-mei e eu ficamos amigas e parceiras quando jogávamos em duplas no pingue-pongue ou no *badminton*. Ela me emprestava seus livros, e eu a ajudava com aritmética. Chun-mei se mostrava excelente em inglês e falava sem sotaque, mas era um desastre com números, e muitas vezes era alvo de ataques da professora.

Embora o carro estivesse invariavelmente à espera dela quando as aulas terminavam, ela preferia andar comigo até chegarmos a minha casa, com o motorista nos acompanhando a passo de lesma. De manhã, se acontecia de ela cruzar comigo a pé, mandava o motorista parar, descia e me acompanhava o trajeto inteiro.

Em agosto de 1945, às vésperas dos meus oito anos de idade, os Estados Unidos jogaram uma bomba atômica no Japão. Isso acabou com a Segunda Guerra Mundial. Os Estados Unidos eram os novos conquistadores.

Na escola, no almoço, recebíamos pacotes de alimentos chamados ração C, deixados pelos novos heróis da China, os fuzileiros navais dos Estados Unidos. Comíamos bolachas duras, carne enlatada e pedaços de chocolate meio amargo. Depois de cada refeição, rezávamos e agradecíamos aos nossos aliados americanos por terem vencido a guerra.

Hollywood invadiu Xangai como uma onda. Havia uma febre por tudo o que era americano. Um dia, em setembro de 1945, todas as crianças da minha escola foram levadas de ônibus ao Bund para dar boas-vindas aos soldados americanos. Junto com minhas colegas, dei vivas, agitei bandeirinhas, cumprimentei e entreguei buquês de flores. Navios caça-minas, cruzadores e naus capitânias tomavam as águas barrentas do rio Huangpu. Hotéis e prédios de escritórios no Bund foram tomados pela Marinha americana e por outros funcionários dos Estados Unidos.

Fotos de estrelas do cinema americano enfeitavam cartazes e capas de revistas. Clark Gable, Vivien Leigh, Lana Turner e Errol Flynn passaram a ser nomes conhecidos. Uma colega dois anos à nossa frente, da quinta série, chegou a receber uma foto autografada de Clark Gable, enviada de Hollywood para Xangai. Ela foi cercada por meia escola durante o recreio. Entrávamos num frenesi ao ver a imagem de um ator bonito, todo mundo querendo pegar a foto na mão e admirá-lo com olhos sonhadores — mesmo que só por alguns segundos.

Mais ou menos por essa época, Wu Chun-mei me emprestou um livro intitulado *Uma pequena princesa*, traduzido do inglês para o chinês. Ela me disse que era um dos seus favoritos, e tinha sido escrito por uma autora inglesa chamada Frances Hodgson Burnett. Esse conto de fadas sobre a órfã de sete anos Sara Crewe, que começa a vida como herdeira de uma fortuna, da noite para o dia se transforma em uma criada sem um vintém e acaba por mudar sua vida pelo próprio esforço, tomou conta de minha imaginação como nenhum outro livro antes. Eu li e reli muitas vezes, sofri a humilhação de Sara, chorei com seu desespero, lamentei a perda de seu pai e saboreei seu triunfo final. Fiquei tanto tempo com ele que Wu Chun-mei precisou pedi-lo de volta, impaciente. Com um lar seguro e feliz como o dela, Wu Chun-mei não podia imaginar o impacto que essa mensagem de esperança teve sobre mim. Pela primeira vez, me dei conta de que adultos podem errar em seu julgamento sobre uma criança. Se eu tentasse com afinco me transformar por dentro em uma princesa, como Sara Crewe, talvez também pudesse um dia inverter a má opinião que todos tinham a meu respeito.

Relutante em renunciar ao meu tesouro recém-encontrado, implorei para ficar com ele mais duas semanas. Durante esse período, laboriosa e tenazmente copiei o livro palavra por palavra em dois cadernos de exercícios, guardei parte dele na memória e dormia com ele debaixo do travesseiro até o manuscrito ficar todo em frangalhos.

Embora Wu Chun-mei e eu passássemos muitas horas juntas na escola, nem uma vez mencionei a ela a minha família, nem aludi à presença de minha madrasta. De muitas maneiras, eu invejava a minha amiga. Na medida do possível, na frente dela, eu fingia ter pais afetuosos também. Era doloroso demais admitir a verdade, porque então o sonho se desvaneceria para sempre.

Durante o período de primavera de 1946, quando eu tinha oito anos de idade e estava na terceira série, papai levou Niang, a Irmã Grande, o Quarto Irmão e a Irmãzinha para o norte, para tomar posse de duas propriedades em Tianjin. Ficaram três meses lá.

Foram gloriosos a primavera e o começo do verão. Ainda que aparentemente tudo continuasse igual enquanto meus pais estavam longe, na realidade nada era igual. Nós quatro, deixados para trás, voltamos no tempo a uma época alegre, despreocupada, de coração leve, que tínhamos quase esquecido.

Meus dois irmãos mais velhos começaram a ficar até mais tarde, depois da escola, brincando com os amigos. Recusando-se a se submeterem à raspagem da cabeça, quando muito concederam num corte americano. Vasculhavam a geladeira à vontade e comiam o que queriam. Começaram a se interessar por garotas, assobiavam para as mais bonitas do jeito que os rapazes americanos faziam nos filmes de Hollywood.

Um domingo de manhã, na hora do café, o Irmão Grande recusou o mingau de arroz e legumes em conserva de todo dia e comunicou à empregada que seu palato precisava de uma mudança.

"Já que é domingo, que tal um belo ovo de pata cozido com sal?", sugeriu a empregada.

"O que tem o domingo a ver com isso? Estou cansado de legumes em conserva e ovos de pata com sal. Por favor, me traga uma omelete bem grande, feita com uma porção de ovos de galinha! E ponha um pouco de presunto! É isso que estou com vontade de comer."

"Patrãozinho (Shao Ye 少爺)! Sabe que não tem permissão para comer ovos de galinha. O cozinheiro recebeu ordens lá de cima. Vai arrumar problemas para todos nós!"

"Se você não tem coragem de falar com o cozinheiro, eu enfrento a criatura sozinho!" O Irmão Grande levantou-se e marchou para a cozinha. Adorando seu novo papel de patrãozinho da casa na ausência de papai, ordenou ao cozinheiro que lhe fizesse "a maior omelete de sua vida", com bastante presunto e muita cebolinha verde. Seguiu-se uma batalha.

"Temos ordens claras de que os ovos de galinha são reservados às pessoas do primeiro andar", anunciou o cozinheiro, insolente, toda a postura do corpo emanando indignação. "Além disso, não temos ovos suficientes para fazer essa omelete que você quer."

"Não temos, é?", desafiou o Irmão Grande. "Isso nós vamos ver!" Começou uma busca sistemática, a começar pela geladeira e terminando na despensa, recolhendo todos os ovos que encontrava. Então quebrou todos, um a um, em uma tigela gigantesca.

Enquanto isso, ofendido com a invasão de seus domínios e com a violação das "ordens de cima", o cozinheiro disse, gelado: "Vou ter de contar sobre essa busca dos ovos. Assim como vou ter de falar para seus pais de suas 'cartas aéreas'".

Ele estava se referindo aos recados mandados para duas lindas irmãs que viviam na casa logo atrás da nossa. A janela do quarto do segundo andar da casa delas dava para a janela dos fundos do quarto de meu irmão, as duas separadas apenas por uma viela. Os rapazes se divertiam enrolando recados escritos à mão em volta de balas duras, que depois eram atiradas para o outro lado, com elásticos de dinheiro. No dia anterior, um míssil desses infelizmente tinha aterrissado na careca do cozinheiro do nosso vizinho, que veio correndo à nossa casa para reclamar em altos brados com seu colega.

Chateado, mas desafiador, o Irmão Grande bateu os ovos alegremente, acrescentou presunto e cebolinha e preparou para si mesmo uma omelete tamanho gigante com dezesseis ovos. "Pode informar o quanto quiser! Mas primeiro vou saborear um café da manhã decente para variar, independentemente de *eles* deixarem ou não! Quanto a seu colega, quem sabe a batida no coco faça o cabelo dele crescer de novo! Ele devia me agradecer pelo favor!" Disse isso e partiu com sua omelete para a sala de jantar, onde raspou o prato com prazer.

Tia Baba, que trabalhava o dia inteiro como caixa do banco, durante esse período sentiu-se mais livre para passar a maior parte das noites e dos fins de semana jogando *mah-jong* com as amigas. Ye Ye ficou muito próximo do Terceiro Irmão e de mim, e muitas vezes nos acompanhava a piqueniques nos jardins Du Mei, um parque público que distava uma parada de bonde de casa.

O cozinheiro preparava sanduíches maravilhosos para nós, inserindo grossas camadas de ovos aromatizados com cogumelos e presunto dentro de baguetes fresquinhas e crocantes. Eu corria atrás do Terceiro Irmão nas curvas dos caminhos entre arbustos meticulosamente podados, me escondia atrás de gigantescos sicômoros e rolava nos luxuriantes gramados verdes que se estendiam até onde os olhos podiam alcançar. Feliz e relaxada, observava o Terceiro Irmão imitar os exercícios de tai chi de Ye Ye; ficava na ponta dos pés e esticava o pescoço para espiar famosos jogadores que competiam no xadrez chinês; e ouvia os contadores de histórias profissionais desfiando lendas de heróis do kung fu. Às vezes, se tínhamos sorte, uma banda tocava música no pavilhão abobadado do centro do parque.

Brincávamos durante horas, fingindo ser personagens do folclore chinês, nos revezando como herói ou vilão. Quando o Terceiro Irmão estava longe dos dois irmãos mais velhos e da Irmã Grande, ele parecia se transformar em outra pessoa.

"Gosto muito mais de você quando ficamos só nós dois", confidenciei um dia a ele. "Você não encasqueta de mandar em mim, nem me obriga a ser do mal toda vez que brincamos de Guerra dos Três Países. Você é justo, e os outros me desprezam."

"Tudo isso é porque a mamãe morreu quando você nasceu. A Irmã Grande e os dois irmãos mais velhos conheceram mamãe melhor do que eu. Só lembro um pouquinho dela. As coisas eram muito melhores quando ela estava viva. Você fez com que ela fosse embora."

"Moramos nesta casa grande, cheia de gente, mas aqui é um lugar solitário", eu disse. "Mal posso esperar para crescer e partir. Vou levar Ye Ye e tia Baba comigo. Você pode vir também, se quiser. Não é só Niang. A Irmã Grande e o Segundo Irmão também estão sempre me perseguindo. Eles *odeiam* sempre que sou a primeira da classe e papai me elogia. Aí é que eles ficam péssimos. Eles acham que eu não sei, mas eu sei."

"É bem ruim para mim também dormir no mesmo quarto que os nossos dois irmãos mais velhos. Quando as coisas não dão certo, eles descontam em cima de mim. O Irmão Grande grita comigo, e o Segundo Irmão me bate e pega minhas coisas."

"Era diferente quando a nossa mãe estava viva? Você às vezes pensa nela também?"

"Claro! Quando ela estava conosco, tudo era melhor, e me lembro de sentir segurança o tempo inteiro. Não seria uma maravilha se a gente pudesse ir visitar mamãe no lugar em que ela está agora? Longe da nossa casa de verdade, onde tenho de tomar cuidado para não falar a coisa errada."

"Mas a gente *pode* ir visitar mamãe!", eu disse. "Basta fechar os olhos e imaginar. Eu já vi a casa dela. É tão real que acho difícil saber se vi mesmo ou se sonhei. Ela mora em um jardim mágico em cima das nuvens. Não se compara com nada que existe em Xangai. É cheio de árvores, flores, pedras e passarinhos. Todas as crianças são bem recebidas. Se ninguém ficar sabendo e a gente mantiver segredo, eles não vão descobrir nunca o lugar onde mamãe está. Uma vez eu escrevi tudo isso e mostrei para a Irmã Grande. Perguntei a ela como mamãe era, porque não consigo enxergar a cara dela. A Irmã Grande disse que não lembrava."

"A *Irmã Grande*! Como você pode contar o que sente para a Irmã Grande? Que boba você é! Se quer saber como mamãe era, por que não pergunta para tia Baba? Não confie na Irmã Grande! Não confie em ninguém! *Fique fria, como eu*. Não se envolva. Esse é o meu lema. E ninguém consegue me machucar."

Fiquei pensando no conselho dele. Nessa noite, puxei o assunto com minha tia. "Tia Baba, me conte como era a minha mãe de verdade. Na minha cabeça, eu tenho uma chave para entrar no reino secreto onde ela mora, mas queria ver uma fotografia dela. Não consigo enxergar seu rosto."
"Seu pai mandou que eu não falasse nada com vocês sobre sua mãe que morreu..." Parecia difícil para tia Baba pronunciar as palavras "sua mãe que morreu". "Mas acho que agora você já tem idade para entender, não existe nenhuma foto dela. Logo depois do enterro de sua avó, três anos atrás, seu pai mandou destruir todas as fotografias dela."

Uma semana depois, Xangai foi tomada por uma implacável e tórrida onda de calor. Por fim chegou o domingo, e não havia aula. Ye Ye e tia Baba tinham ido ao templo budista. Era o começo da tarde, e uma pesada sonolência envolvia toda a casa. Eu tinha acabado de fazer a lição de casa e estava relendo meu último boletim, deitada na cama, debaixo do mosquiteiro. Embora as janelas estivessem abertas, não havia a menor brisa.
Estava me lembrando da excitação da classe dois dias antes, quando as notas do exame de meio de semestre foram divulgadas. Meus colegas ficaram imóveis, atentos, enquanto a professora Lin remexia uns papéis e procurava os óculos. Revivi o triunfo de ouvir a professora anunciar: "Yen Jun-ling* foi a primeira da classe de novo em todas as matérias, menos arte. Parabéns pela aplicação. No começo do ano, a escola inscreveu uma composição dela no concurso de redação infantil realizado pela Associação de Jornalistas de Xangai. Tenho o prazer de anunciar que ela ganhou o primeiro prêmio da sua faixa etária dentre os alunos de todas as escolas primárias de Xangai. Yen Jun-ling conquistou reconhecimento para a nossa escola do Sagrado Coração".

* Meu nome fora da família.

Em meio ao forte aplauso e à admiração de meus colegas, fui à frente para apertar a mão da professora Lin. Ela me entregou uma estrela dourada especial para pregar no meu boletim, assim como um exemplar do jornal em que a minha composição havia sido publicada.

Para surpresa e deleite de todos, minha parceira de pingue-pongue, Wu Chun-mei, ganhou dois prêmios especiais: uma medalha por ser a atleta mais destacada de toda a escola, e um diploma por apresentar o maior progresso em aritmética. Wu Chun-mei ficou vermelha de satisfação quando a professora Lin prendeu a medalha em seu uniforme. Eu sussurrei "campeã" e lhe dei tapinhas nas costas quando ela voltou para seu lugar.

"Como a vida está maravilhosa neste momento!", pensei, me abanando e estalando os dedos dos pés. Com papai e Niang longe, a casa inteira parecia relaxada e solta. Se ao menos não fizesse tanto calor!

Estava olhando os nomes das outras crianças premiadas no jornal quando a empregada entrou e anunciou: "Seus irmãos querem que você desça e vá brincar com eles na sala. Têm um prêmio para você!".

Eu estava tonta de excitação quando saí de debaixo do mosquiteiro e calcei os sapatos. "Meus três irmãos estão brincando na sala? O Terceiro Irmão também está lá?"

"É, estão todos lá."

Que mistério e que delícia! Meus três irmãos mais velhos me chamando para juntar-me a eles! Corri para baixo, ansiosa, desci dois degraus de cada vez, depois escorreguei pelo corrimão do primeiro andar até o térreo. Entrei na sala ofegante.

Eles, que estavam tomando suco de laranja, pousaram os copos quando entrei. Na ampla mesa de jantar oval havia uma grande jarra de suco e quatro copos. Três estavam vazios, e um estava cheio.

"Que dia quente!", disse o Segundo Irmão, borbulhando um riso contido. "Estou vendo que está suada! Achamos que você ia gostar de um copo de suco para refrescar. Olhe, este aqui é seu!"

Alguma coisa no jeito dele me fez hesitar. Ser chamada pelo Segundo Irmão assim do nada e tratada com tanta gentileza, dava para desconfiar. "Por que está sendo tão bonzinho comigo de repente?", perguntei.

Ele se ofendeu. Chegou mais perto e me deu um empurrão. "Porque você foi a primeira da classe outra vez. Além disso, ganhou o concurso de redação da Associação de Jornalistas de Xangai. Como papai não está aqui, resolvemos nós mesmos dar um prêmio a você."

"Eu não quero!", gritei, empurrando o copo.

"Até pusemos gelo dentro, para você se refrescar logo." Levantou o copo, e os cubos de gelo tilintaram. Uma película de umidade havia se condensado na superfície fria do copo.

Tentada, virei-me para o Irmão Grande. "Você fez especialmente para mim?"

"Misturamos com o concentrado de laranja desta garrafa aqui. É o seu prêmio de primeira da classe. Feito especialmente para você!" Meus três irmãos mal conseguiam controlar o riso.

Eu sentia o calor úmido, opressivo que se infiltrava pelas paredes. Olhei o copo de suco com os cubos de gelo derretendo depressa num raio de sol que caía atravessado sobre a mesa. Levantei o copo e virei-me para o Terceiro Irmão, meu aliado, sabendo que *ele* nunca iria falhar comigo. "Posso beber isto?", perguntei, confiante de que ele seria leal.

"Claro! Parabéns! Estamos orgulhosos de você!"

Convencida, tomei um gole generoso da bebida gelada. O cheiro nojento de urina me atingiu como um soco forte. Meus irmãos tinham misturado a urina deles com o suco. Pelo espelho da parede, vi que eles rolavam de rir, histericamente.

Corri para lavar a boca no banheiro, sabendo que havia sido enganada. O suor me escorria pelo rosto, misturado às lágrimas, enquanto eu soluçava na pia. Naquele calor sufocante, eu tremia.

Enquanto isso, meus irmãos já haviam se esquecido de

mim. Dava para ouvir seus gritos brincando com Jackie no jardim, chutando uma bola contra a parede. Pong! Pong! Pong! Rá! Rá! O som rouco de suas risadas entrava pela janela.
 Por que eu estava chorando? Sem dúvida, já estava acostumada à maldade deles. O que havia realmente me incomodado? A traição e o abuso de minha confiança? Não, não só isso, era muito mais complicado. Será que o Terceiro Irmão realmente entendia o que estava fazendo? Ao querer agradar aos dois lados e ficar em cima do muro, será que ele entendia que cada concessão iria comprometer a sua integridade? Sim! Era a debilidade do Terceiro Irmão que me entristecia.

 Na manhã seguinte, a caminho da escola, Wu Chun-mei saiu de seu jardim assim que me viu. Ela me desafiou para um jogo de números que fazíamos com os dedos enquanto caminhávamos, seguidas, como sempre, pelo motorista.
 Num sinal vermelho, um jipe americano parou ao nosso lado. Dois marinheiros americanos, louros, brancos, altos, com fardas bem passadas, gritaram em inglês: "Menininhas, sabem onde fica a avenida Joffre?".
 Eu não disse nada, porque meu inglês era fraco e porque eu era tímida. Mas Wu Chun-mei respondeu com sua melhor pronúncia de inglês americano: "Na verdade, vocês já estão na avenida Joffre. É uma rua muito comprida que continua sempre".
 Eles ficaram deliciados e surpresos. "Nossa, obrigado!" Um deles disse: "Olhem, vocês duas, peguem isto!", e entregou a Wu Chun-mei uma grande cesta de caquis brilhantes e vermelhos.
 Durante o recreio, examinamos o produto e repartimos as frutas com nossas amigas. Embora as colegas sempre trouxessem lanche, eu nunca ousava aceitar nada porque sabia que não poderia dar nada em troca. Dessa vez, porém, as coisas eram diferentes. Eu merecera metade das frutas.
 Ainda que muito vermelhos e perfeitamente formados, os caquis eram rijos e não estavam maduros. "A gente devia,

talvez, guardar na carteira e deixar amadurecer antes de comer", aconselhei. "Caqui verde amarra na boca..."

"Você é muito medrosa!", disse Wu Chun-mei. "Tem dois tipos de caqui. O caqui *fuyu* tem de ser comido quando está assim. São firmes e doces, como maçãs."

"Tudo bem!", disse Lin Tao-tao. "Você dá a primeira mordida, Wu Chun-mei!"

Wu Chun-mei deu uma grande mordida. "Delicioso!", exclamou. "Como eu pensava!"

Confiantes, cada uma de nós atacou sua fruta — para cuspir imediatamente com total repulsa. Mas Wu Chun-mei estava com uma cara tão malandra e sapeca que nós todas caímos na gargalhada.

Durante a aula de inglês, nessa tarde, tivemos uma visita especial. Um imponente oficial americano de meia-idade apareceu fardado para nos fazer uma palestra sobre Pearl Harbor. Era um fumante compulsivo, e toda a nossa classe o observava fascinada. Enquanto suas frases eram traduzidas por nossa professora de inglês, ele dava profundas tragadas no cigarro e, depois de um intervalo, deixava a fumaça escapar lentamente pelas narinas.

Ao final do discurso, aplaudimos educadamente. Ele então quis saber se tínhamos alguma pergunta. Houve uma pausa.

"Bem", estimulou ele, "alguma das jovens deve estar curiosa a respeito de alguma coisa!" Deu mais uma tragada no cigarro. Observamos as espirais de fumaça saírem de seu nariz.

Por fim, depois de mais um intervalo embaraçoso, Wu Chun-mei levantou a mão.

"Ora, uma garota valente!", ele exclamou. "Qual é a pergunta?"

"Espero que não se importe", disse Wu Chun-mei com seu inglês perfeito, "mas sabe fazer a fumaça sair pelas orelhas também?"

# 11

## PTP
## 小寶貝

Pouco depois que papai e Niang voltaram de Tianjin, o sr. e a sra. Huang vieram nos visitar. Trouxeram presentes para todos os sete filhos dentro de uma grande caixa de papelão com diversos furos na tampa. Antes de se casar, a sra. Huang havia trabalhado durante alguns anos no banco da tia-avó, lado a lado com tia Baba e nossa mãe verdadeira. Os Huang, portanto, tinham conhecimento do primeiro casamento de papai e da existência dos sete filhos.

Aquilo era uma coisa muito rara. A maior parte dos amigos de Niang desconhecia que ela tivesse cinco enteados. Sendo apenas onze anos mais velha que a Irmã Grande, Niang relutava em admitir que era uma madrasta. Quando perguntavam, ela sempre dava a impressão de que papai tinha apenas dois filhos — o Quarto Irmão e a Irmãzinha.

Quando abrimos a caixa de presente dos Huang, ficamos maravilhados ao encontrar sete patinhos bebês. Como sempre, o Quarto Irmão foi o primeiro a escolher, seguido pela Irmãzinha, pelo Irmão Grande, a Irmã Grande, o Segundo Irmão e o Terceiro Irmão. Quando chegou minha vez, fiquei com o menor e o mais magro dos patinhos. Peguei o bichinho, aninhei-o na mão e levei-o desajeitadamente para meu quarto. O patinho inclinou a cabeça de lado e olhou para mim com olhos úmidos, redondos e escuros. Ele ciscava, desequilibrado, e bicava o chão, procurando minhocas e sementes. Parecia tão desamparado com suas penas amarelas, as perninhas finas como gravetos e os pezinhos palmados. Um golpe de vento, e ele seria soprado longe. Eu me senti muito protetora.

A partir desse momento, me apeguei de coração ao patinho. Pela primeira vez eu tinha um bicho de estimação próprio, só meu. Na escola, descrevi meu patinho com orgulho para as colegas. Quando falava, sentia uma onda de calor e ternura se espalhar dentro de mim. Dei-lhe o nome de Pequeno Tesouro Precioso (Xiao Bao-bei 小寶貝). Wu Chun-mei me aconselhou a chamá-lo de PTP, para abreviar. Eu mal podia esperar a volta da escola para levar PTP para o meu quarto, dar-lhe banho e comida, e fazer a lição de casa com ele andando entre as camas e minha escrivaninha. Era reconfortante saber que eu era necessária.

Contei a Wu Chun-mei: "Quando pego PTP do chiqueirinho dele no terraço do telhado, ele entorta a cabeça de lado e pia, como se me reconhecesse. Assim que me vê, corre para mim. Falo com ele o tempo todo, e acho que ele está começando a me entender. Será que um patinho aprende a grasnar em dialeto de Xangai? Será que o som seria diferente de grasnados em mandarim ou em inglês?".

Wu Chun-mei deu risada. "Eu acredito que os animais entendem a gente", respondeu. "Talvez não exatamente as palavras, mas uma linguagem especial, não de palavras. Talvez o jeito de você parar ou de segurar. Ele sabe que é seu, e que você cuida dele."

Com o passar do tempo, a amizade entre mim e PTP foi ficando mais profunda. Quando tia Baba voltou do banco, numa sexta-feira, me ouviu dizendo: "Aqui estão duas minhocas que peguei no jardim! Arrisquei a minha vida por você, meu amigo! Jackie ficou latindo para mim, mas eu não desisti. É melhor comer tudo!".

Tia Baba, entre assustada e divertida, comentou: "Ouvi você falando com PTP como se ele fosse seu irmão mais novo, num tom incisivo mas cheio de amor. Acha que ele entende o que você diz?", ela perguntou.

Solenemente, fiz que sim com a cabeça. "Ele gosta quando eu converso com ele e dou minhocas para ele comer. Ele sabe que eu caço as minhocas especialmente para ele. Quando ouve Jackie latindo, foge da janela com medo. Quando fico ocupada com a minha lição e ignoro a presença dele, ele vem ver o que estou fazendo. Ele sabe muita coisa! Olhe, está

virado para mim agora, curioso por saber o que nós estamos falando. É um bichinho muito curioso!" Abaixei e olhei meu patinho. O corpo de PTP estremeceu, e ele piou como se estivesse conversando com um amigo. Levantou a cabecinha amarela, e seus dois olhinhos escuros e redondos me fitaram. "Olhe! Olhe, tia Baba! Ele comeu as minhocas! Ele me deixa chegar tão perto! Acha que também gosta de mim? Deve sentir que está seguro e que nunca vou lhe fazer mal. É meu. Amanhã é sábado, e vou cavar em busca de minhocas a tarde inteira. Oba!"
Quando saí para o jardim, a tarde de sábado estava gloriosa. Uma leve brisa fria soprava do rio, espantando a umidade e as nuvens. As magnólias floridas pontilhavam as árvores com gigantescos laços de fita rodeados de folhas verde-escuras, deixando no ar uma fragrância fresca e deliciosa. O céu nunca estivera tão azul.
Agachei-me no canto mais distante da casinha de Jackie e comecei a cavar com uma velha colher de ferro que o cozinheiro havia jogado fora. Ficava sempre de olho em Jackie, deitado metade para dentro, metade para fora da casinha, os olhos fixos em mim. Mantinha a boca aberta e ofegava com sua grande língua pendurada entre duas fileiras gigantescas de dentes afiados. Assim como eu sabia que PTP era meu amigo, sabia com toda a certeza que Jackie não era. Provavelmente ia me atacar se eu o irritasse. Olhando aquele cachorro que mais parecia um lobo, estremeci sem querer.
Logo encontrei uma minhoca. Soltei-a do torrão de mato, folhas úmidas e terra, e coloquei-a num saco de papel. PTP ia ficar satisfeito. Tudo exalava um cheiro doce, fresco, úmido. Jackie não se mexera. Estava com os olhos semicerrados, respirando com regularidade, quase adormecido. Passei na ponta dos pés para não despertá-lo e zarpei para cima, direto para o chiqueirinho do terraço do telhado.
Os sete patinhos correram alegremente para me saudar. As empregadas deveriam alimentá-los e varrer o chiqueirinho, mas elas não gostavam da tarefa, e muitas vezes a negligenciavam. Notei que as tigelas de comida e de água estavam ambas

vazias, mas, ansiosa para dar meu prêmio a PTP, resolvi falar com as empregadas depois.

Eu me ajoelhei e coloquei a minhoca na tigela de comida. O bando inteiro se juntou em torno de mim, trepando uns em cima dos outros, disputando posição. Embora para os adultos eles parecessem idênticos, cada um era diferente e único para nós, crianças. Fiquei contente de notar que PTP havia ficado grande e forte e enfrentava os outros. Os patinhos da Irmãzinha e do Segundo Irmão empurravam PTP de modo agressivo. Tentei enxotá-los delicadamente para PTP poder comer sua minhoca em paz. Sentia-me bem culpada por meu favoritismo, e não conseguia evitar de me recriminar por não ter procurado mais minhocas para que cada patinho ganhasse a sua.

De repente, senti um golpe doloroso na nuca. Foi tão forte que me derrubou no chão. Os patinhos saíram correndo, assustados. Olhei para cima e vi o Segundo Irmão muito carrancudo, as mãos na cintura. Aparentemente, estava me observando fazia algum tempo. "Isso é para você aprender a não passar o *seu* pato na frente do *meu!*", gritou. Ele me bateu de novo, pegou a tigela de comida, bradou um "*Suma daqui!*", e deu minha minhoca para o patinho dele.

Eu me levantei e virei para ir embora. Foi então que notei PTP. Ao contrário do resto, meu patinho não havia fugido, e estava parado fielmente ao meu lado. Apesar de dolorida e abalada pelos golpes, eu me senti muito consolada de saber que PTP estava do meu lado. Levantei-o amorosamente, e por um momento pareceu-me ver minha tristeza refletida em seus olhos.

De volta ao meu quarto, me ocupei em arranjar uns grãos de arroz e água para PTP. Era cedo, e tia Baba ainda não voltara do banco. PTP vagava por ali, ocupado em bicar o chão, retornando de vez em quando para olhar para mim. "Além de tia Baba, você é o único que está sempre aqui para mim; o único que me entende. Está querendo me lembrar que ontem lhe prometi uma minhoca gostosa?", perguntei no tom carinhoso que reservava para meu patinho. PTP olhou triste para mim com seus olhinhos redondos que pareciam duas contas de resina. Tinha certeza de que ele entendia cada palavra. "Aposto que você gostaria de falar e me contar todo tipo de coisas", disse ao meu bichinho. "O Segundo Irmão roubou sua minhoca, mas não é o fim do mundo. Eu desço e arrumo outra para você. Espere aqui!"

Voltei ao jardim. Jackie agora estava bem acordado, andando pelo quintal com ar agressivo. Para lá e para cá, para lá e para cá. Tinha acordado de mau humor do cochilo, e rosnava para mim. Com as orelhas pontudas e grandes, os olhos triangulares, o queixo protuberante e os dentes pontiagudos, mais do que nunca parecia um lobo feroz. Eu estava bem amedrontada quando comecei a cavoucar ao pé da magnólia.

Jackie se agitava, arranhava o chão, e começou a latir para mim. Vi o rabinho da minhoca se enfiando depressa por baixo de uma raiz. Embora eu soubesse que havia irritado Jackie de alguma forma, relutei em renunciar. De olho na minhoca, voltei-me para Jackie, que arreganhava os dentes de um jeito muito ameaçador. Estendi a mão esquerda para acalmá-lo, sem largar a colher da mão direita. De repente, Jackie avançou para mim e afundou os dentes no meu pulso esquerdo.

Larguei a colher e saí correndo. PTP me encontrou na porta cheio de expectativa, mas passei correndo por ele e fui ao banheiro lavar o sangue que escorria por meu braço esquerdo. Ouvi passos no corredor. Tia Baba finalmente chegara do banco.

"O que aconteceu com você?", perguntou, alarmada. Alguma coisa na voz dela fez brotarem lágrimas de meus olhos. Tia Baba correu para mim e estendeu os braços, me embalou, enxugou minhas lágrimas e perguntou: "Está machucada? É grave?". Limpou o sangue, lavou meu pulso e cuidou do ferimento com mercurocromo, algodão e um curativo pequeno. Depois foi até a porta do nosso quarto e trancou-a com a chave, seguida e observada o tempo todo por PTP. Ela me pôs sentada na cama e alisou meu cabelo. "Melhor não falar nada sobre isso no jantar, a não ser que alguém pergunte", aconselhou. "Jackie é o bicho de estimação *deles*. Não fale nada. É o meu conselho. Vamos abrir o meu cofre e dar uma olhada. Vai fazer bem para nós duas."

Tia Baba procurou no meio de uma pilha de toalhas dobradas em seu armário, debaixo das quais havia escondido seu cofre. Destrancou-o com a chave de ouro que usava no pescoço. Era ali que guardava a sua pequena coleção de joias preciosas, alguns dólares americanos, uma pilha de cartas amarelecidas e todos os meus boletins, desde o jardim de infância até o mais recente.

Primeiro, olhamos os boletins escritos em francês, do jardim de infância São José, em Tianjin; depois, os da primeira e segunda séries, escritos em chinês, da escola primária Sheng Xin, de Xangai. Até PTP parou de andar e ficou sentado satisfeito aos nossos pés, olhando para cima de vez em quando, como se quisesse participar.

"Está vendo este?", exclamou tia Baba, orgulhosa. "Seis anos, primeira série, e já em primeiro lugar em chinês, inglês e aritmética. Nesse passo, ninguém que esteja na universidade poderá ter melhor formação. Quando tiver doze anos, você vai fazer o exame para entrar na McTyeire, onde sua tia-avó estudou. Depois, vai para a universidade. Pode estudar o que quiser. Ora, pode até virar presidente do seu próprio banco algum dia!"

"Você vem morar comigo se eu for presidente?", perguntei. "Não vou querer ser dona de banco sem você."

"Claro que vou! Vamos ter uma casa só nossa e levar PTP conosco. Vamos trabalhar juntas no nosso próprio banco, lado a lado. Escreva o que eu digo: se você estudar bastante, tudo é possível!"

"Vou estudar muito! Prometo!"

A verdade é que assim que ouvi os passos de tia Baba eu já começara a me sentir melhor. Saber que existia alguém que se importava comigo e acreditava em mim reanimava o meu espírito. Então ficamos conversando sobre uma coisa e outra até a hora do jantar.

**TIA-AVÓ** Era conhecida também como tio-avô: Gong Gong, por causa do respeito que conquistara como presidente do Banco de Mulheres de Xangai, fundado por ela em 1924.

**NÓS SETE COM JACKIE** Esta foto foi tirada em 1946, mais ou menos na época em que ganhei um patinho de estimação. Eu tinha oito anos de idade.

**NIANG, YE YE E PAPAI** Ye Ye era budista devoto. Raspava sempre a cabeça, usava um gorro no inverno, e vestia roupas tradicionais chinesas.

**TIA BABA** Esta fotografia foi tirada nos anos 30. Tia Baba nunca se casou, e durante toda a vida foi dependente de meu pai e minha madrasta. Eu a amava muito.

Como sempre, durante o jantar todos os pratos foram servidos ao mesmo tempo: pedaços de pepino frio marinados em vinagre e açúcar; tofu com picadinho de carne de porco e amendoins; camarões fritos com ervilhas; melão de inverno recheado e cozido no vapor; carne de porco agridoce com fatias de abacaxi; pato ensopado com alho-poró. Depois que os adultos se serviram, nós, crianças, recebemos cada um uma tigela de arroz e uma seleção dos pratos do dia. Tínhamos de comer tudo o que havia no prato. Qualquer resto deixado, mesmo um grão de arroz, era recebido com uma carranca.

Desde a chegada de PTP, eu começara a detestar comer pato de qualquer jeito: me parecia errado comer um animal da mesma espécie do meu bichinho querido. Além do pato, eu e o Terceiro Irmão tínhamos ambos aversão por carne gorda, sempre fazíamos grandes manobras para esconder ou descartar qualquer gordura do prato. Eu agora estava olhando com repulsa minha porção de carne de pato com a camada de gordura mole e amarela por baixo. Aparentemente, o Terceiro Irmão estava na mesma situação, porque pegou o pedaço de pato quando ninguém estava olhando e o enfiou no bolso da calça.

Eu tinha comido tudo, menos o pato. Devagarinho, levantei meu pedaço de pato com os pauzinhos e deixei cair na mesa como se por acidente. Papai reclamava do calor. Olhei as gotas de suor que brilhavam em sua testa e pensei por que não tirava o paletó e a gravata. Toda noite, ele e Niang desciam para jantar vestidos a rigor: ele de camisa branca engomada, gravata preta, calça comprida e paletó combinando; ela com um vestido elegante, toda maquiada, sem um fio de cabelo fora do lugar. Não seria mais confortável ele usar camiseta e bermudas, e ela uma vestido solto de andar em casa?

Estava pensando em jogar o pedaço de pato embaixo da mesa de jantar quando vi Niang olhando desconfiada para mim. Rapidamente enfiei o bocado nojento na boca e deixei lá, sem mastigar nem engolir. Niang estava mandando a empregada trazer um leque.

Resmunguei alguma coisa, que tinha de ir ao banheiro, corri para fora, cuspi meu bocado na privada e dei a descarga.

Quando voltei, Niang estava descrevendo a lição de adestramento de cães que Hans Herzog havia dado a ela e Jackie aquela manhã. O sr. Herzog era um famoso adestrador de cães alemão. As aulas dele eram altamente seletivas, porque Jackie estava aprendendo a obedecer apenas a papai, a Niang e ao Quarto Irmão, que se alternavam nas aulas do sr. Herzog para Jackie.

"Jackie está progredindo?", perguntou papai.

"É difícil dizer, porque eu vejo Jackie todo dia", respondeu Niang. "*Espero* que esteja aprendendo alguma coisa, porque o sr. Herzog aumentou o preço de novo! Minhas aulas de autoescola agora são mais baratas do que o adestramento de Jackie."

"Como está muito quente esta noite", sugeriu papai, "por que não tomamos a fresca no jardim depois do jantar? Vai ser também a oportunidade de testar a obediência de Jackie." Virou-se para o Irmão Grande. "Vá buscar um daqueles patinhos que os Huang trouxeram. Vamos nos divertir um pouco esta noite!"

Fez-se um silêncio momentâneo. Para nós, crianças, o comunicado de papai era como uma sentença de morte. Imediatamente enxerguei meu bichinho de estimação sendo dilacerado entre as mandíbulas ferozes e espumantes de Jackie. Senti meu coração parar de bater. Senti-me rígida, em um mundo cheio de horror, com a certeza absoluta de que o patinho condenado seria o meu.

O Irmão Grande empurrou a cadeira, correu para cima e desceu com PTP. Todos evitaram olhar para mim. Nem tia Baba conseguiu enfrentar os meus olhos. Papai foi até o jardim com PTP na palma da mão e sentou-se numa espreguiçadeira, cercado por todos os adultos. Nós, crianças, nos espalhamos em um semicírculo na grama. Jackie saudou seu dono alegremente, abanando o rabo e saltando.

Papai soltou PTP e colocou-o no centro do gramado. Meu patinho de estimação, perdido, ficou imóvel alguns momentos, tentando sondar o ambiente: uma criaturinha pequena, amarela, indefesa, ameaçada por perigos, cercada por humanos à espera de testar um cachorro num jogo com sua vida. Fiquei sentada, tensa, de olhos baixos. Durante um momento, não consegui enxergar direito. "Não se mexa, PTP! Por favor, não se mexa!", rezei em silêncio. "Se você ficar imóvel, talvez tenha uma chance de sobreviver!"

Jackie recebeu ordem de "sentar" a dois metros de distância. Sentou-se nas patas traseiras com a grande língua pendurada para fora, ofegando. Os olhos ferozes pregados em sua presa. Papai mantinha dois dedos na coleira enquanto o pastor alemão se agitava, inquieto.

A tensão parecia palpável, e eu esperava contra toda expectativa que o destino pudesse ser alterado de algum jeito. Então, PTP entortou a cabeça daquele jeito dolorosamente familiar e me viu. Piando feliz, veio andando instável na minha direção. Tentado além de qualquer resistência, Jackie saltou para a frente. Em um salto poderoso, escapou do domínio de papai e deu um bote em PTP, que olhou para mim suplicante, como se eu devesse ter a resposta para todo o seu terror.

Papai avançou depressa, zangado com a desobediência de Jackie. Imediatamente, Jackie soltou a ave das mandíbulas, mas com um aperto no coração vi a perna esquerda de PTP pendurada, sem vida, e o pezinho palmado retorcido em um ângulo grotesco. Jorrava sangue de uma ferida aberta.

Fui tomada de terror. Todo o meu mundo ficou desolado. Corri sem dizer palavra, aninhei PTP carinhosamente nos braços e levei-o para cima. Coloquei-o em minha cama, embrulhei meu bichinho de estimação mortalmente ferido no melhor cachecol da escola e me deitei ao lado dele. Foi uma noite de tristeza que nunca esqueci.

Fiquei ali, de olhos fechados, fingindo dormir, mas na verdade estava desesperadamente acordada. Com certeza, tudo continuaria igual se eu ficasse de olhos fechados e não olhasse para PTP. Talvez quando eu enfim os abrisse de novo, depois de desejar com toda a força a noite inteira, a pata de PTP por um milagre estivesse curada.

Embora fosse o auge do verão e tia Baba tivesse descido o

mosquiteiro em torno de minha cama, eu estava gelada como um cadáver; pensava sem parar: quando chegar amanhã, será que PTP vai estar bom?

Devo ter adormecido, pois ao raiar da aurora acordei com um susto. Ao meu lado, PTP estava absolutamente imóvel. Os horrores da noite anterior voltaram depressa à minha lembrança, e tudo estava tão ruim quanto antes. Pior, porque PTP estava irrecuperavelmente morto. Desaparecido para sempre.

Quase na mesma hora, ouvi papai chamando Jackie no jardim. Estava se preparando para levar o cachorro ao costumeiro passeio de domingo pela manhã. Ao som do latido de Jackie, tia Baba sentou-se na cama de repente. "Depressa! Aproveite enquanto Jackie não está aí! Corra lá embaixo e enterre seu patinho no jardim. Pegue a pá grande que está no barracão dos fundos e faça um bom buraco." Ela me deu uma velha caixa de costura, colocou o corpinho de PTP dentro e fechou a tampa.

Saí correndo do quarto, e quase me choquei com o Irmão Grande, que estava saindo do banheiro do corredor.

"Aonde você vai?", ele perguntou, cheio de curiosidade.

"E o que é isso que você está levando?"

"Vou até o jardim enterrar PTP."

"Enterrar! Por que não dá para o cozinheiro e pede para ele fazer um ensopado para o café da manhã? Pato ensopado de noite e pato ensopado de manhã! Adoro comer pato, você não?" Ele viu a expressão do meu rosto e entendeu que tinha ido longe demais. "Olhe, foi uma brincadeira. Não queria dizer isso. Desculpe por ontem à noite também. Não sabia qual patinho pegar quando papai me deu a ordem. Só escolhi o seu porque você é a menos capaz de me arrumar problemas depois. Não era nada contra você pessoalmente, entende?"

"Ele era meu melhor amigo no mundo inteiro..." comecei a dizer, as lágrimas rolando apesar do meu controle. "E agora, perdi meu patinho para sempre."

No meio da escada, ouvi o Terceiro Irmão me chamando do patamar. "Estou esperando para ir ao banheiro, mas vou descer para o jardim assim que puder. Não comece sem mim."

Nós dois ficamos lado a lado, cavamos um buraco e enterramos PTP debaixo da magnólia com todas as flores abertas. Depois desse dia, nunca mais senti o perfume de magnólias sem ter a mesma sensação dolorosa de perda. Junto ao túmulo de PTP, colocamos alguns grãos de arroz, umas minhocas e um pouco de água em um prato raso, junto com um buquê de flores em uma garrafa de leite. Nos curvamos três vezes para demonstrar nosso respeito. Eu chorei a cerimônia inteira.

O Terceiro Irmão me consolou. "Não vai ser assim para sempre. *Suan le!* (算了) Deixe rolar! As coisas vão ter de melhorar. Você vai ver. Às vezes, mal posso esperar para crescer e descobrir o que nós todos vamos ser daqui a vinte anos."

"Obrigada por assistir ao enterro de PTP assim tão cedo", murmurei, olhando o curativo em meu pulso esquerdo. Tanta coisa havia acontecido desde que Jackie me mordera na véspera. "Hoje é domingo, e todo mundo em casa ainda está dormindo. Não sei por quê, mas sinto que somos nós dois contra o mundo. Aconteça o que acontecer, não podemos nunca deixar que eles vençam."

## 12

## O casamento da Irmã Grande
## 大姐婚禮

Papai e Niang continuaram viajando a negócios para Tianjin. Às vezes, tiravam a Irmã Grande da escola para que ela os acompanhasse. Todo mundo se perguntava por quê. Será que papai precisava que a Irmã Grande traduzisse para ele? Logo se revelou que Niang tinha outras ideias.

Durante os feriados do Ano-novo chinês, em 1948, os planos de Niang vieram à tona. Uma tarde de domingo, a Irmã Grande entrou em meu quarto depois do almoço. Tia Baba, Ye Ye e eu estávamos jogando cartas. Ela se sentou na cama de tia Baba e contou que papai e Niang tinham ido almoçar no luxuoso Hotel Cathay com convidados de Tianjin. O dr. Sung havia sido médico de Nai Nai e era nosso vizinho. O filho dele, Samuel, voltara recentemente dos Estados Unidos e estava procurando emprego. A Irmã Grande não quis jogar conosco e ficou rabiscando palavras em chinês e inglês em uma folha de papel. Eu me inclinei e vi que ela havia escrito sra. Samuel Sung (em inglês e chinês) umas trinta vezes. Depois, contou que papai e Niang haviam lhe apresentado Samuel, e que ela havia concordado em se casar com ele. Estava sorrindo ao dizer isso, e parecia bem satisfeita, mas eu fiquei triste e assustada por ela.

Pensei comigo: a Irmã Grande tem só dezessete anos, e Samuel já tem 31, quase o dobro da idade dela. Quando eu tiver dezessete, com certeza não vou querer sair da escola para me casar com alguém que acabei de conhecer! Principalmente se ele for tão mais velho!

Como a Irmã Grande pode estar alegre quando sua vida inteira está para dar uma virada tão horrenda? Ser tirada da escola e jogada nos braços de um estranho! Nada de aulas! Nada de colegas! Nenhuma possibilidade de um dia ir à universidade! Nem mesmo um diploma de colegial! Que arrasador! O que será que Niang disse para induzir a Irmã Grande a aceitar esse destino? Por que ela está concordando com isso? Será que vai acontecer comigo também? Eu simplesmente fujo de casa se Niang um dia ameaçar me obrigar a um casamento arranjado. Mas para onde iria? Quem iria me aceitar? Deve haver milhões de meninas chinesas indesejadas como eu em Xangai! Imaginei Niang me apresentando a um homem estranho e ordenando que me casasse com ele. A ideia me encheu de horror e de medo.

Semanas antes do casamento da Irmã Grande, os presentes começaram a chegar em casa. Niang os selecionava cuidadosamente e guardava os melhores para si.

Três dias antes da cerimônia, a tia-avó em pessoa confiou a tia Baba um pacotinho especial embrulhado em papel dourado para entregar à Irmã Grande. Ao abrir a elegante caixa de couro no quarto de tia Baba, a Irmã Grande encontrou um lindo pingente de jade imperial antigo pendurado numa pesada corrente de ouro. Ela imediatamente o colocou no pescoço, deu um suspiro de prazer e ficou se admirando no espelho. Então, implorou a tia Baba e a mim que não falássemos do presente da tia-avó para ninguém, com a ideia de ficar com o pingente sem contar a Niang.

O casamento foi um acontecimento formal e radiante, com um banquete para quinhentas pessoas no grande salão de baile do nono andar do Hotel Cathay, situado na esquina do Bund com a elegante Nanjing Lu, com vista para o rio Huangpu. A sala estava cheia de flores frescas, e os caracteres chineses para "dupla felicidade" estavam desenhados com botões de flores vermelhas na parede. A Irmã Grande estava muito elegante, com um belo *qipao* rosa e sapatos prateados, e Samuel usava um smoking. Dois comediantes de rádio profissionais foram os mestres de cerimônias.

Eu não tinha nada para usar senão um velho *qipao* rosa que herdara da Irmã Grande quando ela cresceu. Embora não estivesse particularmente bonita, pelo menos não chamei atenção, e ninguém notou a minha presença. Meus três irmãos mais velhos, porém, passaram um mau bocado. Para essa ocasião especial, papai mandou que cortassem o cabelo. Eles rasparam a cabeça de forma que não sobrou nem vestígio de cabelo. Os três usaram roupas chinesas compridas tradicionais, azul-marinho, idênticas, com colarinho alto e botões de pano. Assim que entraram no saguão, vi alguns rapazes da mesma idade apontando e caçoando deles pelas costas. Quando chegaram ao salão principal, um dos meninos convidados os reconheceu da São João e na mesma hora gritou para um amigo do outro lado do salão: "Ei! Está meio escuro aqui. Ainda bem que entraram três lanterninhas agora. Com eles por perto, ninguém precisa de iluminação".

"Não! Não são lanterninhas, não! São iluminados, só isso! Esses três são monges novos que viram a luz! Fizeram voto de castidade e abstinência. De agora em diante, eles só comem tofu."

Todo mundo se dobrou de tanto rir. Fiquei com vergonha por meus irmãos.

Eles chamavam tanta atenção porque todos os outros convidados estavam muito bem vestidos. Homens e meninos usavam ternos ocidentais escuros. As mulheres, cheias de joias, vestiam *qipaos* de seda ou vestidos de festa ocidentais. O Quarto Irmão cortara o cabelo num estilo mais moderno, e estava muito elegante, de paletó azul-marinho novo e calça bem vincada combinando, camisa branca e gravata. A Irmãzinha vestia um modelo de cetim vermelho cheio de babados, fitas no cabelo e pulseiras de jade nos pulsos.

Mais para o fim do banquete, fui ao banheiro. Quando estava dentro de um dos cubículos, ouvi uma mulher comentar com outra o tratamento diferenciado que recebiam os filhos das duas mulheres de meu pai. Imediatamente depois, entraram outras duas mulheres. Estavam conversando e rindo, e reconheci a pronúncia *ningpo* característica da tia-avó. Eu estava a ponto de sair para cumprimentá-la, quando a outra mulher respondeu. Era Niang.

Senti um frio na espinha. Tinha uma sensação de culpa, embora não tivesse feito nada. Fiquei quietinha como um rato, não ousei me mexer. Quanto mais tempo eu demorava, mais impossível ficava sair dali.

A tia-avó estava elogiando o anel de jade de Niang, dizendo que tinha a mesma transparência do pingente de jade que tinha pedido a tia Baba que entregasse à Irmã Grande como presente de casamento. Com essas poucas frases, Niang já havia descoberto tudo sem revelar que não fora informada do presente. Ao ouvir isso, fiquei mais nervosa que nunca, e me mantive imóvel na cabine até bem depois de elas saírem.

Sabia que minha irmã ia ter um grande problema se eu não a avisasse, de forma que esperei até que ela fosse sozinha ao depósito que havia sido esvaziado para ela poder trocar de roupa. Contei-lhe a conversa que ouvira entre a tia-avó e Niang. Vieram-lhe lágrimas aos olhos, e ela fez um carinho em minha cabeça. "Nunca vou esquecer essa gentileza sua. Obrigada por me avisar. Você é a melhor irmã do mundo, e eu sempre serei grata a você."

Pela primeira vez ela era gentil comigo, e me senti muito próxima dela. Depois, vi a Irmã Grande e Niang indo para a sacada e conversando em particular pouco antes de ela e Samuel partirem para a lua de mel. Será que ela conseguiu explicar tudo? Eu esperava que sim. Só queria ter ajudado mais.

Na manhã seguinte, o Terceiro Irmão me contou que estava brincando de esconde-esconde na sacada do Hotel Cathay antes do banquete de casamento e tinha ouvido a Irmã Grande e Niang conversando. Ele estava escondido atrás de um grande vaso de planta e ouvira as duas perfeitamente.

Num tom cheio de arrependimento e autocensura, a Irmã Grande confessara que "tinha alguma coisa pesando na consciência" que não conseguia mais esconder. Disse que, embora tia Baba a tivesse feito jurar segredo e aconselhado a não revelar a Niang que a tia-avó lhe dera um pingente de jade de presente de casamento, ela decidira ignorar o conselho porque nossa tia estava sendo egoísta e desonesta. Além disso, a peça de jade faria um conjunto perfeito com o anel de jade favorito de Niang, e então ela implorou que Niang o aceitasse. De um só golpe, a Irmã Grande conquistara Niang e ao mesmo tempo denunciara tia Baba.

Tocada pela honestidade e generosidade da Irmã Grande, Niang permitiu que ela ficasse com o pingente de jade. A Irmã Grande então prometeu eterna lealdade a Niang, mantendo as boas graças entre ambas e aumentando ainda mais a distância entre Niang e tia Baba. Ela partiu para sua lua de mel com ótimo humor, usando seu belo pingente de jade, com a consciência tranquila.

## 13
## *Uma festa de aniversário*
## 生日慶祝會

Assim que voltamos para a escola depois das férias de verão, em setembro de 1948, Wu Chun-mei começou a me implorar que fosse à casa dela comemorar seu aniversário.
"Lembra do patinho que você tinha faz tempo, que nós apelidamos de PTP?", ela perguntou. "O que aconteceu com ele?"
"Morreu", eu disse um tanto bruscamente. O trágico destino de PTP era um segredo trancado em meu coração, junto com todas as outras coisas indizíveis que eu detestava lembrar. Com certeza não era uma coisa que eu quisesse contar, muito menos para alguém tão legal quanto Wu Chun-mei. Ela nunca conseguiria entender. Pensei no pingente de jade da Irmã Grande e em suas mentiras sobre tia Baba, e senti vontade de abrir para minha amiga tudo o que estava enterrado no meu peito. E se eu soltasse de repente: "Se minha madrasta me obrigar a um casamento arranjado como o de minha irmã e eu fugir de casa, você me aceitaria?", será que ela ficaria chocada?
Enquanto isso, Wu Chun-mei estava dizendo: "Não é de admirar que você não fale mais de PTP. Bom, no meu aniversário, meus pais vão me dar um bichinho de estimação, se eu prometer que cuidarei dele. Semana passada, eles me levaram à loja de animais, e eu vi um cachorrinho lindo...".
"Para mim, nenhum outro bicho vai tomar o lugar de PTP...", interrompi rudemente, prestes a chorar. "Além disso", continuei, dando de ombros, como se não me importasse com nada no mundo, "tenho medo de cachorros. Eles mordem!"
"Esse não vai morder! É um *pug* pequenininho de olhos grandes e rabo empinado. Ah, venha ver comigo! Mamãe disse que você pode vir a hora que quiser. Não tem de ser no dia do meu aniversário. É só avisar com antecedência. Você nun-

ca esteve na minha casa antes, e tenho tantas bonecas e livros para mostrar. Por favor, diga que vem!"

Eu não podia simplesmente contar a ela que estava proibida de visitar qualquer amiga, para sempre. Durante uma semana fiquei inventando todo tipo de desculpas, mas ela era insistente. Foi ficando cada vez mais difícil, porque, por dentro, eu estava morrendo de vontade de ir.

De repente, a professora Wong nos informou que na terça-feira seguinte seria um feriado escolar especial porque era o dia do onomástico de nossa madre superiora. Ela disse que era sorte nossa, porque todos os outros alunos em Xangai teriam de ir à escola nesse dia. Primeiro, fiquei decepcionada porque preferia ir à escola a ficar em casa. Depois, no recreio, Wu Chun-mei voltou a me convidar para ir brincar em sua casa. Num repente, eu disse: "Que tal terça-feira? Em vez de vir para a escola, vou para sua casa, e comemoramos o seu aniversário!".

Assim que eu disse isso, fiquei apavorada e quis voltar atrás; mas Wu Chun-mei já estava pulando de alegria. No dia seguinte, ficou ainda mais impossível mudar minha decisão, porque a festa de aniversário dela passara a contar com mais seis meninas. "Elas todas vão porque eu disse que você vai estar lá", exclamou Wu Chun-mei. "Vai ser uma ocasião muito especial, começa às oito e meia e termina às três e meia. Mamãe disse que vai sair de casa para nós podermos brincar na sala de estar sozinhas! Nem posso esperar para mostrar meu cachorrinho e minha coleção de bonecas! Papai me trouxe uma boneca de cada cidade que visitou quando estava estudando nos Estados Unidos."

Nós oito fizemos uma reunião e traçamos cuidadosamente nossos planos. Íamos todas vestidas de uniforme e nos reuniríamos na frente da nossa escola às oito horas. O motorista de Wu Chun-mei nos encontraria lá e nos levaria para a casa dela. Nós nos sentíamos adultas e conspiradoras.

Eu mal consegui dormir na véspera da festa. Na terça-feira de manhã, pus no bolso o dólar de prata que tia Baba havia me dado (por ter sido a primeira da classe no semestre anterior) e, com minha pasta de livros, zarpei para a escola. O motorista de Wu Chun-mei já estava lá. Nós nos amontoamos no grande carro americano do dr. Wu, rimos o caminho inteiro, e passamos uma manhã maravilhosa brincando com bonecas, admirando o cachorrinho de Wu Chun-mei, comendo sementes de melancia, pulando corda e jogando basquete numa cesta instalada no jardim pelo dr. Wu.

Eu estava olhando Wu Chun-mei driblar com a bola e admirando seus lances à cesta quando a empregada veio nos chamar para o almoço. Era meio-dia. De repente me lembrei, de um golpe, de quem eu era e onde estava. Durante algumas horas, eu havia sido uma menina normal participando de uma festa de aniversário na casa de uma colega. Isso era estritamente proibido, e eu tinha desobedecido às regras de Niang. Se ela descobrisse, as consequências seriam desastrosas.

A caminho da sala de jantar, todo mundo correu para o banheiro. Eu detive Wu Chun-mei, toquei seu braço e sussurrei: "Tenho de ir almoçar em casa. Estão me esperando. Volto logo".

"Olhe o que mamãe mandou a cozinheira fazer! Você não pode ir agora!", disse Wu Chun-mei. Servidos na mesa de jantar havia cestos de *gyozas* recheados de carne e tigelas de macarrão com pedaços de carne de porco grelhado e cebolinha. No centro, havia um enorme bolo de aniversário, todo decorado com confeitos coloridos e uma camada alta de chantilly, com onze velinhas vermelhas.

"Não posso mesmo ficar, mas volto assim que puder."

"Tudo bem! Qual é o número do seu telefone?"

Sem pensar, respondi: "79281. Não fique tão decepcionada. Volto antes de você cortar o bolo".

"Vamos esperar você!"

Corri para casa o mais depressa que pude. O relógio do corredor mostrava 12h09 quando voei para cima para usar o banheiro. Normalmente, eu chegaria em casa por volta das 12h30. A casa de Wu Chun-mei era muito mais perto que a nossa escola, e eu havia calculado mal o tempo. Não importa, melhor mais cedo que mais tarde. Isso queria dizer apenas que eu teria tempo depois para comprar um presente de aniversário para ela com o meu dólar de prata.

Ao irromper no meu quarto na maior animação, dei de cara com Niang. Ela estava parada ao lado de minha escrivaninha no sol forte, esguia e impecável em um vestido marrom coberto de manchas pretas. Sua aparência lembrava um leopardo à espreita.

Meu coração disparou, e o sangue latejava em minhas têmporas e orelhas, batendo em ondas. Uma voz dentro de minha cabeça ficava repetindo: "Tome cuidado! Tome cuidado!".

"Boa tarde, Niang!", cumprimentei, trêmula, remexendo a moeda de prata em meu bolso e imaginando onde escondê-la. Minha língua grudou no céu da boca, e eu mal conseguia engolir.

"Por que voltou mais cedo?", ela perguntou, desconfiada.

"Ficamos livres um pouco antes", respondi. Ela não disse nada, mas continuou olhando para mim sem piscar, evidentemente esperando uma explicação. "Da escola, eu quero dizer", acrescentei feito boba, virando a moeda na palma de minha mão suada.

"O que tem no bolso?", ela perguntou, como se pudesse enxergar através do meu uniforme.

"Nada!", menti, me retorcendo como uma minhoca e com vontade de sumir.

"Venha cá!", ordenou. Eu me aproximei devagar, tremendo como uma folha. Ela apalpou meu corpo, me revistou, colocou a mão em meu bolso e tirou a moeda de prata.

"Quem te deu isso?"

Houve um prolongado silêncio. Enquanto eu procurava desesperadamente uma resposta plausível, tudo o que ouvia era uma mosca batendo com insistência no vidro da janela.

"Estou fazendo uma pergunta!", ela me lembrou, furiosa. "De onde veio isto? Estou mandando responder *agora*!"

Minha cabeça estava zunindo, mas não me vinha nenhuma ideia. Fiquei olhando feito boba para sua cara linda e fria. O que eu poderia dizer sem envolver minha querida tia? Eu me senti tão aprisionada como a mosca que zunia de vidraça em vidraça.

"Por que está em casa tão cedo, sua mentirosa? E onde arrumou esse dinheiro?"

Ela estava ficando furiosa com meu silêncio. Tomava-o por um insulto pessoal, como se eu estivesse tentando provocá-la. Com o rosto vermelho de raiva, me esbofeteou. Fiquei tonta e minhas orelhas zuniram, mas continuei a olhar para ela em silêncio, petrificada.

"Enquanto não me der uma explicação verdadeira do que está acontecendo", ordenou, "não vai comer nem beber nada. Eu sempre soube que você não prestava para nada!"

Abri a boca. "Eu... ahn... achei a moeda em algum lugar...", menti vagamente, me retorcendo e me detestando. Por dentro, eu estava em total agitação, pensando só numa coisa: não devia trair tia Baba.

"Você roubou alguma coisa da casa e empenhou, sua ladrazinha?"

Já estava quase pensando em admitir o roubo como um jeito de escapar, quando nós duas notamos a empregada nova, Ah Sun, timidamente parada na porta.

"Com licença, Yen tai tai", ela pigarreou, nervosa. "É o telefone." Fez um gesto de cabeça na minha direção. "Para ela."

Abriu-se um novo abismo, e eu me senti tonta. Entendi na mesma hora que Wu Chun-mei devia ter se cansado de me esperar para cortar o bolo. Fiquei furiosa comigo mesma por ter dado o número de telefone.

Niang correu para atender o telefone do patamar da escada. Com náuseas na boca do estômago, ouvi a voz dela, agora inteiramente transformada.

"Minha filha está ocupada agora. Aqui é a mãe dela falando. Quem quer falar com ela, por favor? Posso pegar um recado?"

Houve uma breve pausa.

"Esperando para cortar o bolo! Que beleza! Onde está acontecendo essa comemoração?"

Outra pausa.

"Mas vocês não tinham de estar todas na escola hoje?... Ah, sei!... Um feriado especial!... Que bom para vocês!... Temo que minha filha não vá voltar para sua festa hoje. Não espere mais!"

Ela se virou e olhou para mim com cínico desprezo. "Você não é só mentirosa e ladra, é manipuladora também. Nunca vai servir para nada. O problema é que você tem o sangue ruim de sua mãe. Não merece a casa e a comida que recebe aqui. Meninas como você deviam ser expulsas. Você não faz parte desta casa!" Um tremor gelado me percorreu. Senti meu mundo cair. "Vai ficar em seu quarto sem nada para comer até seu pai chegar", ela ordenou.

Envergonhada e humilhada, fiquei sozinha no quarto, olhando Jackie a passear incessantemente no jardim. O tempo passou. Ouvi som de risos e o tilintar de pratos e copos lá embaixo. O chá da tarde estava sendo servido para o Quarto Irmão e a Irmãzinha no quarto deles, que nós tínhamos apelidado de antecâmara. Logo depois, o Quarto Irmão apareceu na sacada com um prato de guloseimas que ele não queria mais. Vi quando jogava despreocupadamente rolinhos de salsicha, sanduíches de galinha e bolo de nozes para um Jackie deliciado, que saltava para pegar os bocados com suas poderosas mandíbulas. Eu estava babando de fome, e sonhava com aquelas delícias descendo por minha garganta. Por fim, fiquei ali sentada com os olhos fechados com força, desejando de todo o coração que quando os abrisse de novo eu fosse Jackie, e Jackie fosse eu.

Mais tarde, quando papai voltou do trabalho, veio ao meu quarto tomado de fúria, trazendo embaixo do braço, enrolado, o chicote de cachorro que Hans (o adestrador) lhe havia dado no último Natal. Quando me interrogou, não pude mentir. Ele me mandou deitar de bruços na cama e me deu chicotadas. Deitada ali, tremendo de dor e de vergonha, vi um rato passar correndo pelo chão, os olhos brilhantes e alertas, arrastando a longa cauda. Quase gritei de terror, mas mordi o lábio e fiquei calada durante todo o castigo.

"Infelizmente", papai anunciou, "sua tia é uma má influência. Ela lhe dá dinheiro pelas nossas costas e está sempre mimando você. Acho que vocês duas precisam ser separadas."

Levantei o olhar para ele em total desolação. A trama de minha vida estava para se romper. Meu coração estava pesado de uma dor quase insuportável. Mas ele apenas enrolou o chicote debaixo do braço e saiu do quarto.

# 14

## Presidente da classe
## 班 長

"O que aconteceu com você ontem?", sussurrou Wu Chun-mei quando ocupamos nossas carteiras na classe para começar as aulas. "Ficamos esperando para cortar o bolo, mas aí descobrimos que sua mãe não ia deixar você voltar..."

Meu rosto ainda estava ardendo dos bofetões de Niang. Seria imaginação minha, ou minha amiga estava olhando para mim de um jeito estranho? Não pude deixar de pensar que meu rosto estava ferido ou inchado. Será que ela desconfiava de alguma coisa?

Abri meu livro, me escondi atrás dele e resmunguei: "Desculpe. Minha mãe queria que eu ajudasse em casa. Sabe como são as mães...". Estava procurando desesperadamente uma desculpa plausível, quando a professora Wong sem querer veio em meu socorro.

"Yen Jun-ling (嚴君玲)! Wu Chun-mei! Parem de conversar agora mesmo e comecem a prestar atenção!", ordenou em voz alta. "Agora quero que vocês todos escutem com atenção. Amanhã é um dia muito especial porque é dia de eleição. Amanhã é o dia em que vocês vão votar para presidente da classe. Lembram-se do que a diretora disse na assembleia geral duas semanas atrás? Para refrescar a memória de vocês, ela me mandou ler essa parte do discurso de novo.

Ser presidente da classe de sua série, a sexta série, é uma honra especial. Para começar, este será o último ano de vocês na escola primária Sheng Xin. Ao se formar, a maioria de vocês irá para a primeira série da escola média aqui vizinha. Só a classe de vocês tem permissão de eleger sua presidente democraticamente, como nos Estados Unidos. As líderes das séries menores são escolhidas pela professora. Só na série de vocês, a sexta, o grau mais elevado, permitimos que seja realizada uma eleição livre. Em vez de sugerir nomes, damos a vocês o direito de indicar suas próprias candidatas. A vencedora será presidente não só de sua classe, mas líder de toda a escola!

A eleição será realizada na classe, amanhã, durante o primeiro período. Trouxe alguns balões coloridos e folhas grandes de papel de rascunho. Durante o recreio e por uma hora depois do horário de hoje, vocês vão poder ficar na classe e encher os balões ou trabalhar nos pôsteres de campanha se assim quiserem. Que esta seja a sua primeira experiência de *democracia em ação*.

Ao ouvir isso, Wu Chun-mei e eu olhamos uma para a outra desanimadas. Quando nossa diretora fizera esse anúncio, duas semanas antes, minha amiga imediatamente me indicara como candidata e se oferecera para ser a organizadora de minha campanha. Porém, o aniversário dela havia tirado tudo o mais de nossa cabeça, e acabamos esquecendo.

Infelizmente, Chen Lei-lei, nossa maior rival, não havia esquecido. O pai dela era general do Exército nacionalista. Ela chegava toda manhã em um Cadillac preto com vidro à prova de balas, com motorista, escoltada por um guarda-costas russo, branco e armado.

Entre o anúncio e aquele dia, Chen Lei-lei dera barras de chocolate, carne em conserva, lápis e marcadores de livros para a classe inteira. Eu, é claro, não tinha nada para dar a ninguém, nem mesmo para Wu Chun-mei.

Durante o recreio, a professora Wong escreveu no quadro-negro, com letras grandes: AMANHÃ É DIA DE ELEIÇÃO LIVRE PARA PRESIDENTE DE CLASSE! VENHA E VOTE! Enchemos balões e penduramos nas janelas e nos lustres do teto. Escrevemos letras gigantes com tinta e pincel em pôsteres imensos — VITÓRIA! DEMOCRACIA! VOTO LIVRE! — e pregamos pelas paredes. Nossa classe estava colorida e festiva. Ficamos orgulhosas quando vimos as alunas das séries inferiores olhando com inveja e de boca aberta pela janela.

Quando tocou o sinal, no fim da aula, Wu Chun-mei me

disse: "Yen Jun-ling! É melhor você fazer um discurso antes de todo mundo ir embora. A professora Wong disse que podemos ficar uma hora depois das aulas. É agora ou nunca!".

Eu estava nervosa, mas sabia que tinha de aproveitar a oportunidade. Então concordei. Wu Chun-mei subiu em sua cadeira e anunciou o meu discurso. Para nossa surpresa, todo mundo ficou para escutar, inclusive a professora Wong.

Tentei manter a calma, mas estava com a boca seca e o coração batendo ao trocar de lugar com Wu Chun-mei em cima da cadeira.

"Companheiras de classe!", comecei. "Wu Chun-mei me indicou como candidata para presidente da classe. Ela não sabe, mas acho que *ela* é que devia ser candidata em meu lugar. Ela não só é uma líder natural e excelente em línguas, como também é a campeã de peteca, pingue-pongue e *badminton* de nossa escola. Comparada a ela, eu não sou ninguém. Meu único atributo é que nunca faltei à escola nestes cinco anos desde que fui matriculada aqui. A razão disso é que amo a minha escola, e prefiro estar aqui a estar em qualquer outro lugar do mundo. Se Wu Chun-mei for eleita, vou tentar convencê-la a doar parte de seus livros velhos para podermos começar uma biblioteca na escola, aonde possamos ir para ler se quisermos."

Houve aplausos, e pelo canto do olho vi Chen Lei-lei se preparando para fazer seu discurso. Desci da cadeira e sussurrei para Wu Chun-mei: "Desculpe, mas tenho de ir para casa agora. Já demorei muito mais do que devia. Minha mãe vai ficar brava se eu me atrasar".

"Que história é essa de *eu* ser presidente da classe, assim de repente?", Wu Chun-mei perguntou.

"Acredito em cada palavra do que disse. Você merece isso mais que qualquer uma."

"Vamos ver! Mas você tem mesmo de ir? Não pode ficar mais meia hora?"

"Queria poder! Você não faz ideia de como eu gostaria de ficar!" Tive uma súbita visão de Niang com seu vestido de leopardo marrom à espreita em meu quarto, e perdi o fôlego de terror. "Desculpe, mas não posso ficar mais."

Alguma coisa em minha voz a tocou. "Tudo bem!", ela disse. Mas quando eu ia saindo da escola apressada com minha pasta de livros, ela acrescentou: "Não se preocupe! Eu vou vencer isto aqui para você! Depois, vamos fazer uma festa em minha casa para comemorar. Mamãe disse que ainda sobrou muito bolo do meu aniversário".

Eu estava com tanto medo de me atrasar que fui correndo o caminho todo até em casa. Ao entrar, vi Ah Sun cortando legumes na cozinha. Ela parou quando me avistou e pediu que eu levasse a garrafa térmica de água quente para minha tia Baba.
"Ela já está em casa?", perguntei, deliciada e surpresa.
"Está. Voltou cedo. Essa água acabou de ferver, e está muito quente. Espere aqui enquanto eu encho a garrafa, e então você pode levar para ela."
Subi a escada com a garrafa térmica e minha pasta de escola. Tia Baba estava sentada numa espreguiçadeira de frente para o jardim e tricotava. Deixei tudo silenciosamente na porta, depois fui pé ante pé por trás dela e tapei seus olhos com as mãos. "Bu!"
"Sua boba! Eu estava te esperando. Ye Ye e eu estávamos falando de você. Voltei tão tarde ontem à noite que nem conversamos direito. O que seu pai disse ontem depois que bateu em você?"
Olhei para o rosto dela, marcado, preocupado, os olhos doces por trás das grossas lentes, e o cabelo preto liso penteado para trás em um coque, com mechas grisalhas em cima das orelhas. Por alguma razão, eu achava difícil contar a ela. Além disso, não queria mesmo lembrar as palavras de meu pai.
"Nada! Ele não falou muita coisa." Disfarcei servindo uma xícara de água quente para cada uma.
"Feche a porta e venha sentar ao meu lado."
"Tenho de fazer a lição."
Ela alisou meu cabelo quando me sentei na escrivaninha e espalhei meus livros. "Conte o que seu pai falou!"

"Já disse! Não falou nada! E agora, preciso ficar sozinha para fazer a lição de aritmética, está bem? Tenho de estudar. É muito, muito importante."

"Por que está ficando zangada?"

"Não sei! Quero esquecer tudo o que acontece aqui. Adoro minha escola. Lá eu tenho amigas! Lá eu me divirto! Nós sentamos juntas e discutimos livros e coisas. Minhas amigas me respeitam. Minhas professoras gostam de mim. Até me indicaram para presidente da classe! Amanhã é dia de eleição! Por favor, não faça mais nenhuma pergunta!"

Bateram na porta, e Ye Ye entrou. Ele me olhou com desalento quando baixei a cabeça com vergonha da minha explosão. Achei que ia ralhar comigo, mas em vez disso virou-se para tia Baba: "Deixe-a estudar! Ela não vai decepcionar você. Quando se chega à minha idade, a gente sabe quais crianças são fracas e quais são fortes. Não faça muitas perguntas a ela. Não critique nem diminua a menina. Não quero que ela cresça como a Irmã Grande. Ela vai ser diferente!".

O dia seguinte começou a mil. Mal podíamos esperar para votar! Embora a professora Wong tivesse escrito no quadro-negro os nomes das cinco candidatas indicadas, eu sabia que minha única rival de verdade era Chen Lei-lei. As outras eram simplesmente muito desorganizadas.

A professora Wong pôs uma grande caixa de papelão em cima da mesa. Distribuiu pequenas folhas de papel, nas quais escrevemos o nome da candidata de nossa escolha. Uma a uma, nos levantamos e depositamos nossos votos numa fenda no meio da caixa. Depois que todas votamos, a professora Wong sacudiu a caixa e leu cada nome enquanto computávamos o total em nossos cadernos. Chen Lei-lei, que era quem escrevia melhor, a primeira da classe em caligrafia, foi incumbida de registrar o número de votos na frente do nome de cada candidata no quadro-negro.

O resultado foi apertado, mas no fim foi realmente Wu Chun-mei que venceu a eleição para mim. Por causa de sua capacidade atlética, ela era muito popular. Todo mundo queria minha amiga em seu time. Ao me apoiar em vez de fazer campanha para si mesma, ela conseguiu atrair muitas das que estavam indecisas. Como ela e eu formávamos uma equipe, consolidamos nossos votos e vencemos.

Ficamos o dia inteiro deslumbradas com nosso sucesso. Eu estava um pouco temerosa de Wu Chun-mei voltar a mencionar a festa em sua casa depois da escola, mas ela não falou mais nada. Voltei a pé para casa assim que a aula terminou.

Era uma bela tarde, ensolarada e fresca. A avenida Joffre estava agitada, com bondes, carros, riquixás e triciclos. As folhas recortadas dos sicômoros gigantescos ladeando o bulevar estavam ficando vermelhas e marrom-douradas com o brilho do outono. Eu me sentia nas nuvens enquanto avançava pela calçada; corria e pulava de vez em quando de pura exuberância. Que importância tinha eu ser uma vergonha para meus pais? Como alguém de sangue ruim podia ser eleita presidente da classe? O que queria dizer sangue ruim, afinal? Niang predissera um futuro sem esperança para mim. Papai dissera que eu não ia dar em nada. Apesar disso, minhas colegas de classe haviam me escolhido como sua principal representante. Em seu discurso, a professora Wong me cumprimentou pelo triunfo em nossa primeira eleição, democrática e honestamente realizada — como nos Estados Unidos, o maior país do mundo. Enquanto ela falava, eu pensava: embora meus pais digam que não presto para nada, provei que eles estão errados! De todas as meninas de minha turma, minhas colegas escolheram a *mim* para ser presidente da classe. Tenho de esquecer a minha casa. Em minha outra vida — minha vida real — eu tenho valor. Elas me respeitam.

Assim que entrei em casa pela porta dos fundos, minha felicidade começou a esvaziar. O cozinheiro e Ah Sun estavam na cozinha, limpando um peixe para o jantar. Eles mal levantaram a cabeça quando entrei. Dei-lhes a notícia de que eu era agora a recém-eleita presidente da classe. A própria postura deles me fez lembrar que eu ainda era malvista por causa da história da festa de aniversário dois dias antes. O cozinheiro me enxotou, impaciente, nem um pouco impressionado com minha vitória. "Não está vendo que temos de trabalhar?", disse, ríspido.

Subi a escada e fui para o meu quarto. Quando fechei a porta e espalhei a lição de casa pela mesa, o peso do resto da casa pareceu deslizar para fora de meu coração. Raios de sol inundaram o quarto, expondo minúsculas partículas de poeira dançando na luz. Peguei o caderno de exercícios em que estavam marcados os votos daquele dia, me deliciando uma vez mais com a emoção do concurso e o triunfo de minha vitória naquela manhã. Líder das meninas da Sheng Xin! Como era boa, a vida!

Em um transe sonhador, botei um pouco de água no receptáculo do meu tablete de pedra para escrita, moí um bastão de carvão contra a superfície úmida para fazer tinta nova. Lubrifiquei meu pincel e comecei com a caligrafia...

Bateram na porta, e Ah Sun entrou logo, sem esperar, parecendo estar agitada e com medo.

"Tem um bando de amiguinhas suas lá embaixo, na sala. Querem falar com você", ela sussurrou.

Suas palavras foram como um raio no céu claro. Fiquei olhando para ela, perplexa. "Minha mãe está em casa?", perguntei finalmente.

"Eu acho que sim. E seu pai também."

"Diga para minhas amigas que ainda não cheguei. Por favor, mande-as embora!" implorei, desesperada.

Ah Sun sacudiu a cabeça. "Eu tentei, mas elas sabem que você está aqui. Parece que vieram atrás de você da escola e a viram entrar em casa. Querem fazer uma festa-surpresa para comemorar a sua eleição como presidente da classe. Todas trouxeram presentes. Elas querem o seu bem."

"Eu sei." Estava tomada de pânico, mas não tinha escolha senão ir atrás de Ah Sun até a sala. Ao descer a escada, ouvi as risadas e gritos de minhas colegas ressoando por toda a casa.

Mordi o lábio inferior e me obriguei a entrar e cumprimentar minhas amigas. Elas me cercaram, gritando: "Surpresa! Parabéns! Vitória!", cantando e entoando frases, embriaga-

das de euforia e excitação. Ninguém parecia notar meu silêncio constrangido. Evitei encontrar os olhares de todas as outras, temendo que o segredo de minha vida doméstica estivesse a ponto de ser revelado. Por dentro, eu tremia de terror, esperando que Niang nos deixasse em paz até eu poder pedir educadamente a minhas amigas que fossem embora.
Ah Sun reapareceu e tocou o meu braço. "Sua mãe quer ver você *agora*!"
Lutei contra o pânico que crescia dentro de mim e forcei um sorriso duro no rosto. "O que será que ela quer?", eu disse, encolhendo os ombros, me odiando pelo fingimento. "Com licença, um momento."
Minha cabeça estava vazia quando bati na porta do Santo dos Santos. Meus pais estavam sentados lado a lado na pequena alcova que dava para o jardim. Tentei fechar a porta, mas Niang mandou que a deixasse aberta.
"Quem são essas bagunceiras", começou Niang, com a voz fervendo de raiva, "fazendo essa confusão na sala lá embaixo?"
"São minhas amigas da escola."
"Quem convidou essa gente?"
"Ninguém."
"O que estão fazendo aqui?"
"Vieram comemorar a minha vitória na eleição para presidente da classe."
"A festa foi ideia sua?"
"Não, Niang", sacudi a cabeça, negando, "elas vieram por vontade própria. Eu não sabia de nada."
"Venha cá!", ela gritou. Eu me aproximei cautelosa, tremendo de terror. Ela me esbofeteou com tanta força que quase caí. "Mentirosa! Você planejou isso, não foi, para exibir nossa casa para suas colegas pobres!?! Como ousa?"
"Não fiz isso, não." Lágrimas corriam pelo meu rosto, e era difícil respirar.
"Seu pai trabalha tão duro para alimentar e vestir vocês todos. Ele volta para casa para tirar uma soneca e não tem um minuto de sossego. Que insolência você receber essa gente na nossa sala e fazer essa confusão!"

"Eu não convidei ninguém. Elas sabem que não posso ir para a casa delas depois da escola, então vieram me visitar." Com as costas da mão, ela esbofeteou minha outra face. "Exibida! Vou ensinar você a ser espertinha!", gritou muito alto. "Desça lá agora mesmo e mande essas amigas bagunceiras embora! Elas não são bem-vindas!" Enquanto eu hesitava, mexendo os pés, ela bateu em meu rosto de novo. "Está ouvindo?", berrou com a voz mais alta que podia. "Quero essas meninas fora da minha casa neste minuto! Está surda? Diga para *gun dan* (sumirem) e nunca mais voltarem aqui! Nunca! Nunca! Nunca!"
Cerrei os punhos e fui para a escada devagar. Um silêncio sinistro pairava agora na casa. Minhas colegas deviam ter ouvido cada palavra de Niang, pois a porta do Santo dos Santos ficara aberta. Meu nariz e olhos estavam molhados, e me enxuguei na manga da roupa. Para meu horror, vi sangue vermelho-vivo manchando minha mão e meu vestido. Gotas de sangue pingavam sem parar de meu nariz no chão. Entendi que os tapas de Niang deviam ter provocado um sangramento nasal, e que meu rosto provavelmente estava sujo de uma mistura de sangue, muco e lágrimas.

Entrei de volta na sala e fiquei parada na frente de minhas colegas, incapaz de dizer uma palavra. Sentia-me nua, horrível, vulnerável. Nenhuma delas olhou para mim, e não tive coragem de encará-las. Na escola, eu havia tido o cuidado de fingir que vinha de uma família amorosa. Agora elas sabiam a verdade! Indesejada e não amada por meus próprios pais! Quanto tempo levava para uma pessoa morrer de vergonha?

Por fim, disse sufocada para ninguém em particular: "Meu pai quer dormir. Eles querem que vocês vão para casa agora. Desculpem".

Ninguém respondeu, mas, no silêncio doloroso, Wu Chun-mei me estendeu um lenço. Eu dei de ombros e tentei sorrir para ela, agradecendo, mas alguma coisa nos olhos dela de repente me impediu de fingir tranquilidade. Com lágrimas na voz, disse a ela: "Muito obrigada por vir. Nunca esquecerei a sua lealdade".

Uma a uma, elas foram saindo, deixando seus presentes ao meu lado. Wu Chun-mei ficou um pouco mais, e foi a última a ir embora. Ao passar pela escada, ela gritou para o Santo dos Santos: "Isso é injusto. Você são cruéis e bárbaros! Vou contar para o meu pai!".

Juntei meus presentes e hesitei na porta do quarto de meus pais, pensando em fugir. A porta estava aberta. Papai me mandou entrar, fechar a porta e desembrulhar os pacotes.

Ali havia uma coleção variada de histórias em quadrinhos, romances de kung fu, um jogo de xadrez, uma corda de pular, pacotes de guloseimas — ameixas salgadas, fatias de gengibre doce, sementes de melancia torradas — e uma folha de papel de caligrafia com o caractere de VITÓRIA pintado em destaque com tinta e pincel.

"Jogue isso tudo na lata de lixo!", papai ordenou.

Eu obedeci correndo.

"Por que suas colegas trouxeram presentes?", Niang perguntou, desconfiada.

"Porque nós vencemos a eleição hoje. Eu agora sou presidente da classe. Trabalhamos muito e..."

Niang me interrompeu no meio da explicação. "Pare de se exibir!", gritou. "Quem você pensa que é? Alguma princesa, para todas as suas amigas virem pagar tributo? Você está ficando muito orgulhosa e convencida! Apesar do que acha que é, você não é nada sem seu pai. Nada! Nada! Nada!"

"Você traiu a nossa confiança ao convidar suas amigas para virem aqui e nos insultar", disse papai com uma voz calma que me fez rilhar os dentes de dor. "A feiura familiar não deve nunca ser revelada em público. Se você não está feliz aqui, deve ir para outro lugar."

"Mas para onde posso ir? Quem vai me aceitar?", perguntei, tremendo.

"Não sabemos", papai respondeu cruelmente.

Eram tempos difíceis, e a caminho da escola, de manhã cedinho, eu tinha visto bebês enrolados em jornal abandonados para morrer na porta das casas. Crianças mendigas em farrapos revistavam rotineiramente as latas de lixo em busca de

comida. Algumas se limitavam a comer a casca dos sicômoros que havia na rua onde morávamos.
"O que vai acontecer comigo? Vão me vender?", ajoelhei na frente deles, em estado de pânico.
"Você não sabe a sorte que tem de ser alimentada e abrigada aqui nestes tempos incertos", disse papai. "Peça desculpas a sua Niang."
"Desculpe, Niang."
"Foi sua tia quem ensinou você a mentir e enganar. Ela alimenta a sua arrogância lhe dando dinheiro nas nossas costas", disse Niang. "Ela é má influência. Antes que seja tarde demais, você tem de sair do quarto dela e não falar mais com ela. Vamos encontrar um orfanato que aceite você enquanto não tem idade para arrumar um emprego para se sustentar. Seu pai já tem muito com que se preocupar sem essas coisas que você apronta. Pode ir agora."
A ideia de me separar de minha tia encheu-me de horror. Entristecida, subi a escada e voltei para o quarto em que vivia com ela, talvez pela última vez.

Depois de uma noite insone, fui para a escola na manhã seguinte apreensiva e envergonhada. Ao longo do caminho, ia me perguntando: O que todas as minhas amigas vão dizer desta vez? Como as que me deram seu voto vão olhar para mim? Será que vou ser alvo da caçoada da classe? Será que todo mundo vai rir de mim e cochichar a meu respeito no recreio?
Esperei um longo tempo no banheiro, relutante em enfrentar minhas colegas. Quando tocou o sinal, eu fiquei entre as últimas a entrar na classe. A professora Wong já estava diante do quadro-negro, escrevendo alguma coisa com um pedaço de giz. Mergulhada em minha aflição, não prestei atenção, até que Wu Chun-mei me cutucou e apontou as costas da professora. Olhei e tornei a olhar. Para minha surpresa, vi meu nome (嚴君玲 Yen Jun-ling) escrito em grandes caracteres no quadro-negro.
A professora Wong voltou-se para mim e sorriu, orgulhosa. "Quero que a classe dê as boas-vindas e votos de saúde a Yen

Jun-ling como a nova presidente da classe. Vocês a elegeram de livre e espontânea vontade. De agora em diante, ela é que vai conduzir a leitura do testamento de Sun Yat-sen diante da bandeira antes do começo das aulas. Quando eu tiver de sair da classe, ela será a encarregada, e vocês terão de se dirigir a ela!" Todo mundo aplaudiu, e eu me aqueci de felicidade. Os olhos de minhas partidárias estavam brilhando de respeito e admiração. Eu disse a mim mesma: Como é possível? Eu, a mesma filha desprezada, rejeitada publicamente por meus pais na véspera, sendo agora homenageada pela professora e pelas colegas! Qual delas sou realmente eu? Embora seja absolutamente óbvio que meu pai me odeia tanto quanto minha madrasta, talvez ele mude de ideia um dia se eu continuar lhe trazendo mais algumas honras. Além disso, será que ele realmente me odeia, ou só está se pondo ao lado dela porque tem mais amor por ela que por mim e quer uma vida tranquila? Afinal de contas, eu *sou* filha dele de verdade.

Durante todo o dia, as meninas vieram me dar parabéns e tapinhas nas costas. Ninguém disse uma palavra sobre o fato de terem sido expulsas de minha casa por meus pais. Era como se nada daquilo tivesse acontecido. À medida que eu me aquecia na boa vontade delas, os horrores da véspera começavam a esmaecer. Ao voltar para casa, já havia deixado para trás as lembranças terríveis, e fui saltitando com leveza pela calçada, de pedra em pedra.

Empurrei a porta dos fundos, e a realidade voltou bem depressa. O cozinheiro estava depenando uma galinha recém-abatida. Olhou para mim e gritou, como um mau agouro: "Ah Sun, ela voltou da escola!". Ora, por que ele dissera aquilo? Não esperei para descobrir, mas meu espírito ficou pesado, e a felicidade evaporou-se enquanto eu subia a escada: passei pelo Santo dos Santos, e felizmente a porta estava fechada. Passei pela antecâmara, onde meus dois meios-irmãos tomavam o chá da tarde. (Nada de chá para gente como eu, claro. Nunca chá para gente como eu!) Passei pelo quarto de meu avô Ye Ye...

Ye Ye estava parado na porta, olhando para mim com uma expressão triste no rosto. Ele começou a dizer alguma coisa,

mas Ah Sun falou em voz muito alta: "Então você voltou! Me diga o que mais é seu!".
Ela estava no meu quarto, ajoelhada no chão, arrumando uma mala.
"O que está fazendo?", perguntei, bobamente.
"O que você acha que estou fazendo? A sua Niang mandou arrumar suas roupas e mudar você do quarto da sua tia. Você vai dormir no sofá no quarto do seu Ye Ye hoje à noite. Amanhã seu pai e Niang vão tomar o avião para Tianjin, e você vai com eles."
"Para Tianjin amanhã!", exclamei, arrasada. "E tia Baba, como vai ser? Ela vai também?"
"Você deve estar sonhando! Sua Niang disse que é muito ruim você estar sempre com ela. Ela mima você demais."
"Mas tenho lição de casa para fazer!"
"Lição de casa!", zombou Ah Sun. "Para quê, se você vai pegar o avião amanhã ao meio-dia?"
Eu a ignorei e sentei à minha mesa, espalhei meus livros e comecei a fazer a lição de casa, como se minha vida dependesse daquilo. Ao atacar a matemática e a tradução de inglês, a tristeza da partida pareceu ficar um pouco mais leve. Ah Sun riu de mim, mas eu disse a ela: "É isto que eu quero fazer na minha última tarde em Xangai". Ela terminou de preparar a mala e saiu.

Fiquei sentada no patamar do nosso andar, desamparada, louca para minha tia chegar, e desolada com a ideia de que nunca mais voltaria à escola nem veria de novo minhas amigas. Imaginei-as à minha espera para conduzir a leitura do testamento de Sun Yat-sen no dia seguinte pela manhã, e senti um desespero arrasador.
Só para variar, tia Baba chegou cedo. Pelo jeito derrotado como subiu a escada, desconfiei que sabia do meu destino. Entramos em nosso quarto, e ela fechou a porta. Deu uma olhada em minha lição de casa enquanto despia o casaco.
"O outono veio cedo este ano, e o tempo esfria quando o sol se põe", murmurou, pegando minhas mãos frias e esfre-

gando-as para esquentar. "Está bem agasalhada?" Ela procurou meu suéter, pescou-o de dentro da mala e notou um furo no cotovelo. Encontrou agulha e linha e começou a remendar, a testa franzida de concentração.

Ajudou-me a vestir o suéter. Nós nos sentamos lado a lado na cama. Ela tirou a chave da corrente do pescoço, abriu o cofre e pegou a pilha dos meus boletins. Eu sabia que, aos olhos dela, minhas notas tinham um valor extraordinário.

"Não faz mal!", disse ela, me consolando. "Com estas notas excepcionais, você vai poder ser o que quiser! Que isto aqui seja a sua arma secreta, o seu talismã, o seu amuleto mágico, que trará todas as riquezas que você desejar. Um dia o mundo vai reconhecer seu talento, e nós vamos deixar esta casa e morar na nossa própria casa. Só nós duas."

Ela não disse *como* eu ia atingir esse objetivo, já que eu tinha apenas dez anos de idade, estava na sexta série e a ponto de ser banida para um orfanato em Tianjin. Observei seus ombros curvados, e não tive coragem de questionar nada do que ela estava dizendo. Eu entendia vagamente a importância de nós duas alimentarmos o sonho, embora não conseguisse pensar em nada além da desanimadora perspectiva de ser mandada embora para sempre.

"Você vai ser minha tia sempre?"

"Claro!" Ela me abraçou.

"Vai escrever toda semana?"

"Vou! E duas vezes por semana se você me responder!"

"Para sempre?"

"Enquanto você estiver em Tianjin." Ela me abraçou de novo. "E até depois disso, enquanto você se lembrar de mim."

"E depois?"

"Depois disso, vai depender inteiramente de você. Eu vou estar aqui para você enquanto viver. Sabe disso, não sabe? Mas você não deve nunca esquecer o sonho. Tente fazer o melhor possível, sempre. Você tem uma coisa preciosa e única dentro de si, que não pode ser desperdiçada. Eu sempre soube disso. Você tem de provar que eles estão errados! Promete?"

"Prometo, sim."

## 15

## Colégio interno em Tianjin
## 天 津 寄 宿 生

No aeroporto de Hing-Qiao, grandes multidões se deslocavam, se empurrando e se acotovelando como uma onda humana, brigando pelos bilhetes. Para minha surpresa, menos de dez passageiros embarcaram em nosso avião de Xangai para Tianjin. Sentei atrás de papai e de Niang, ao lado de um lugar vazio.

Eu não sabia na época, mas a China que eu conhecia estava se transformando diante dos meus olhos. Meus avós Ye Ye e Nai Nai haviam nascido durante a dinastia Qing, que governara a China durante 267 anos, até ser derrubada por Sun Yat-sen em 1911. Depois da revolução de Sun, os senhores da guerra locais dividiram o país em feudos e guerrearam uns com os outros até o surgimento do Partido Nacionalista, liderado por Chang Kai-chek. Quando o Japão invadiu a China, em 1937, a maior parte do país era controlada por Chang, mas os comunistas liderados por Mao Tsé-tung ganhavam força. Entre 1937 e 1945, os nacionalistas e os comunistas formaram uma frente única contra os japoneses. Depois da rendição do Japão, em 1945, Mao Tsé-tung e Chang Kai-chek retomaram a guerra civil pelo controle da China.

Em setembro de 1948, quando papai e Niang me levaram para Tianjin, no norte, para me separar de minha tia em Xangai, os comunistas já controlavam a Manchúria e avançavam rapidamente para Pequim e Tianjin. Uma após outra, as províncias vinham sendo perdidas para o vitorioso Exército de Libertação do Povo. A maioria das pessoas estava fugindo na direção oposta. Estações de trem, aeroportos, portos marítimos estavam lotados de passageiros que queriam escapar para Taiwan e Hong Kong.

Completamente ignorante da situação política, eu simplesmente achava muito estranho o avião estar tão vazio, e o aeroporto, tão cheio. Assim que decolamos, a aeromoça veio nos entregar os cartões de desembarque. "Está viajando sozinha?", ela perguntou.
"Não, estou com meus pais."
"Bom." Ela sorriu. "Então eles vão ter de preencher isto para você."
Nosso avião começou a sacudir e jogar. Fiquei enjoada, fechei os olhos, e devo ter dormido. Quando acordei, papai estava sentado ao meu lado, me sacudindo de leve pelo ombro. Eu me sentei depressa.
"Desculpe, papai", comecei a dizer. "Já chegamos?"
"Ainda não." Ele estava com três cartões de desembarque na mão e uma expressão embaraçada no rosto. "A aeromoça me pediu que preenchesse esses cartões. Acho que esqueci seu nome chinês. É Jun-qing?"
Senti uma pontada. Eu significava tão pouco para ele, era tão sem importância que ele não lembrava nem o meu nome!
"Não, papai. Esse é o nome da Irmãzinha. Meu nome é Jun-ling."
"Claro! Jun-ling!" Deu uma risada embaraçada e escreveu meu nome rapidamente no cartão. "Agora, me dê sua data de nascimento."
"Acho que não sei, papai." Era verdade. Em nossa família, as datas de aniversário dos enteados eram desconhecidas. Contávamos tão pouco que nossos aniversários não eram nem lembrados, muito menos comemorados.
Ele coçou a cabeça. "Humm... vamos ver. Quantos anos você tem?"
"Tenho dez anos, papai."
"Dez anos! O tempo voa!" Olhou para o espaço e perdeu-se em divagação. Depois de algum tempo, continuou: "Mas temos de preencher este cartão de desembarque! Já sei: dou o meu aniversário para você! Você gostaria?".
"Gostaria, sim, por favor, papai!" Que maravilha! Ter a mesma data de aniversário de meu pai! Fiquei emocionada!

"Agora você sabe o que dizer da próxima vez que alguém perguntar quando é o seu aniversário."
Foi assim que 30 de novembro passou a ser meu aniversário. O mesmo dia que o de meu pai.

O irmão de Niang, Pierre Prosperi, foi nos encontrar no aeroporto. Eu já tinha me encontrado com ele uma vez, quando viera jantar em nossa casa em Xangai. Eu não sabia onde estava, nem que horas eram, mas não tive coragem de perguntar. O dia parecia estar chegando ao fim.
"Diga boa-noite para o seu tio Pierre", Niang me orientou. Quando o cumprimentei, ela exclamou: "Não no dialeto de Xangai! Ninguém fala isso aqui".
Era verdade. Toda aquela gente aglomerada no aeroporto gritava em mandarim, o dialeto local de Tianjin. Lá fora já estava escuro. Eu sabia que estava longe de casa, onde tia Baba provavelmente jantava com Ye Ye e meus três irmãos. Será que ela também estava pensando em mim?
Papai e Niang me apressaram para entrar em um grande carro preto. Papai sentou na frente, conversando sobre negócios com tio Pierre e o motorista. Niang e eu ficamos sozinhas no banco de trás. Eu senti o perfume dela e fiquei tonta de preocupação e de náusea. Fechei os olhos e fingi dormir porque estava com medo. Rodamos durante um longo tempo. Quando chegamos, estava escuro feito breu. O motorista tirou minha mala do porta-malas, e Niang me mandou ficar ao lado dela na frente do imenso portão do grande edifício. Aquilo me parecia vagamente familiar. Será que eu já havia estado ali?
O portão se abriu assim que Niang apertou a campainha. Duas freiras estrangeiras altas, com hábitos brancos engomados, estavam paradas na porta. Apertaram a mão de Niang e me deram palmadinhas na cabeça.
"Estávamos esperando você", disseram.
"Cumprimente madre Marie e madre Natalie!", disse Niang, e eu me curvei, obediente.
"Desculpe o nosso atraso!", exclamou Niang enquanto o

motorista levava minha mala para dentro. "Comporte-se, e obedeça às irmãs!" De repente me dei conta de que ela estava falando comigo. Mais que isso, eu estava sendo dispensada. "Madre Marie foi minha professora de inglês, e madre Natalie, minha professora de francês, quando estudei aqui." Virou-se para as irmãs com um sorriso encantador. "Não vou mais incomodar vocês agora, telefono amanhã numa hora civilizada. Durmam bem!"

Ela voltou para o carro, com o motorista logo atrás. Ele abriu a porta do carro respeitosamente para ela, deu a partida, e foram embora. Esse tempo todo, papai e tio Pierre haviam ficado no carro, conversando em voz baixa, mas animados. Nenhum dos dois se deu ao trabalho de levantar os olhos ou acenar em despedida.

Fiquei olhando as luzes de trás do carro de papai desaparecerem, e uma horrível solidão baixou sobre mim. Eles haviam me jogado fora, como lixo.

As freiras falavam inglês, que eu mal entendia. Quando respondi em mandarim, elas sacudiram a cabeça. "Não! Não! Nada de chinês! Aqui você tem de falar só inglês ou francês! É assim que se aprende!"

Levaram-me para um grande dormitório com fileiras e fileiras de camas, cada uma com uma cortina em torno. Só as três camas perto da porta estavam com as cortinas fechadas. Madre Natalie pôs o dedo nos lábios, pedindo silêncio. Apontou a cama ao lado das três já ocupadas e fechou a cortina devagarinho. "É aqui que você vai dormir, com as outras três internas. Tínhamos muitas, e agora são só quatro, contando com você. Amanhã você vai conhecer todas. Agora venha comigo, vou mostrar onde é o banheiro. É tarde, e você deve estar cansada."

"Onde estou, madre Natalie?", perguntei. "Estou em Tianjin?"

Ela olhou para mim, perplexa. "Sua mãe não lhe contou? Sim! Você está em Tianjin, e ela matriculou você como interna na São José, onde ela própria estudou. Ela telefonou dois dias atrás e nos disse que você frequentou o jardim de infância aqui, como externa, quando tinha cinco anos. Não se lembra?"

Fiquei acordada um longo tempo, encolhida debaixo dos cobertores, pensando. Não era de admirar que o portão de ferro fosse tão familiar! Então eu estava de volta à São José. Bem, pelo menos não estava num orfanato. As coisas podiam ser piores. Por uma fresta da cortina podia vislumbrar as formas das fileiras de camas vazias na semiescuridão. Cama após cama sem nenhuma criança dormindo. Cada uma com sua cortina caprichosamente puxada, esperando, esperando. Cada uma nua e triste. Como eu.

Devo ter cochilado, porque despertei com o murmúrio de vozes. O sol atravessava minha cortina, e num susto me lembrei de que estava num lugar estranho, longe de casa. Levantei e, nervosa, espiei pela cortina. Havia uma menina da minha idade sentada na cama ao lado da minha, falando com uma mulher adulta. As duas sorriram para mim.

"Olá", disse a menina em inglês. "Dormiu bem?"

"Dormi, sim!", respondi, acrescentando depressa, em mandarim: "Meu inglês é ruim. Na verdade, quase não falo!".

Ela mudou para chinês na mesma hora e disse: "Eu sou Nancy Chen. Esta é minha mãe. Madre Natalie disse que você veio de Xangai de avião ontem. É verdade?".

Fiz que sim com a cabeça.

Nancy virou-se, triunfante, para a mãe. "Viu, não falei?"

"Mal posso acreditar", exclamou a sra. Chen. "Não tem medo?"

"Não", respondi com uma risada. "Medo de quê?"

"Seus pais não contaram a você que os comunistas não acreditam em Deus e detestam estrangeiros? Para eles, uma aluna chinesa em uma escola de freiras estrangeiras é considerada integrante da mesma ordem religiosa, e será perseguida junto com as freiras se eles ganharem a guerra."

Eu só podia ficar olhando para ela feito boba quando ela continuou: "O que seus pais estão pensando? Todo mundo está fugindo de Tianjin para Xangai ou Hong Kong, e você vem na direção oposta! Seus pais estão planejando mudar para Tianjin e morar aqui de agora em diante?".

"Acho que não. No carro, ontem, ouvi papai dizer a meu tio que iam pegar o avião de volta para Xangai daqui a quatro dias."

Ela olhou para mim, aterrorizada. "E vão deixar você aqui sozinha? Completamente sozinha em uma escola de freiras estrangeiras? Eles não leem jornais em Xangai? Será que não sabem que os comunistas estão vencendo a guerra? Logo os soldados do ELP vão estar marchando da Manchúria para cá. Quando chegarem, provavelmente vão prender os capitalistas junto com as irmãs estrangeiras e colocar todo mundo na prisão. Milhares de refugiados do norte chegam a Tianjin todo dia para fugir deles! É quase impossível conseguir passagem de avião ou de trem para sair daqui! Estamos esperando há dois meses!"

De repente me lembrei do caos no aeroporto no dia anterior, e só consegui respirar fundo, tonta de aflição.

Ela então disse: "O que você aprontou, para seus pais quererem castigá-la assim?".

Minha nova escola era muito diferente da anterior, em Xangai. Para começar, havia menos de cem alunas naquele lugar imenso, destinado a abrigar mil meninas. Éramos divididas em seis classes, dependendo não da idade, mas de nossa capacidade de falar inglês.

Para minha vergonha, fui colocada no grupo das principiantes. Minhas colegas tinham de cinco a oito anos, enquanto eu estava prestes a fazer onze. Era como se eu não tivesse saído do jardim de infância. Em vez de álgebra, somas e subtrações.

Não podíamos conversar em chinês umas com as outras em momento nenhum. Então eu não falava nada, a menos que as irmãs se dirigissem a mim pelo meu nome. Minhas colegas provavelmente pensavam que eu era burra, porque era tão maior que elas mas nunca levantava a mão nem me oferecia para responder a pergunta nenhuma.

Na aula de conversação em inglês, um dia, madre Marie apontou para mim, mandou que eu me levantasse e lesse em voz alta os *Contos de fadas de Grimm*. Minha boca ficou seca, eu sabia que minha pronúncia era horrível. Madre Marie imitou minha pronúncia, e todo mundo deu risada.

Por fim, ela perguntou: "Quantos anos você tem?".

"Dez."

"O que sente de estar estudando nesta escola?"

Olhei minhas colegas, todas menores, mais novas, mais espertas e mais fluentes em inglês.

"Eu me sinto velha", respondi.

"Velha, como? Com um pé na cova?"

Todas as meninas riram. Com uma fúria de concentração, procurei na metade inglês-chinês do dicionário a palavra "cova". Depois, fiz uma busca rápida por duas outras palavras na parte chinês-inglês.

"Bem, como eu estava dizendo, você sente que está com um pé na cova?"

"Isso! E meu outro pé está em um pedaço de casca de melancia!"

Houve uma grande risada, e os olhos de madre Marie brilharam. "Então temos aqui uma comediante! Diga, qual o seu livro preferido?"

Levantei o dicionário. "Este aqui! Não posso viver sem ele."

Todo mundo riu, inclusive madre Marie. "E se você pudesse realizar um desejo, um só, qual seria esse desejo?"

"Receber uma carta endereçada a mim. Uma só. De qualquer um."

Nancy Chen foi embora de Tianjin com sua mãe em meados de novembro de 1948. Nessa época, o número de alunas havia diminuído, e fomos todas reunidas em uma única classe, que ia dos sete aos dezoito anos. A cada manhã apareciam menos meninas que na véspera. Uma a uma, elas desapareciam, muitas sem se despedirem. Em meados de dezembro, eu era a única aluna que restava.

Três dias antes do Natal, madre Marie me deu uma tarefa: precisava decorar um poema chamado "Uma visita de são Nicolau".

Não gostei do poema. Era muito difícil. Procurei todas as palavras inglesas compridas e complicadas e traduzi para o chinês, mas o texto ainda não me emocionava.

Quando o recitei, madre Marie perguntou: "Quem escreveu esse poema?".

"Alguém chamado Clement Clarke Moore."

"É mesmo? Pois eu não adivinharia nunca! Clement Clarke Moore deve estar se revirando no túmulo! Achei que você estava declamando um poema chinês!" Eu não me senti muito mal porque ela estava sorrindo ao dizer isso e me fez um carinho na cabeça. Além disso, estávamos sozinhas na classe, e não havia nenhuma outra aluna para rir de mim.

Madre Marie era boa, mas parecia perdida quanto a *como* e *o quê* me ensinar. Na verdade, todas as irmãs pareciam confusas e evitavam olhar diretamente para mim quando acontecia de cruzarmos nos corredores. Elas próprias andavam para lá e para cá, sem rumo, o dia inteiro, com o hábito preto e branco de inverno, caladas — só se ouvia o tilintar dos rosários. A atmosfera era estranha, assustadora. Os comunistas estavam chegando! Todo mundo sabia, mas ninguém falava disso.

Dia após dia, eu vagava de classe em classe porque não havia para onde ir nem ninguém com quem brincar. Detestava ficar sozinha, e sentia muita falta de minhas colegas. Todas as salas estavam vazias. Fileiras e fileiras de carteiras e cadeiras, e ninguém presente. Eu olhava as paredes brancas com mapas da China, de Tianjin, da França. Ficava parada na frente do quadro-negro, que tinha uma película de pó de giz. Olhava o crucifixo em cima da porta. Sentava numa carteira marcada com cortes e riscos de lápis. O lugar havia se transformado em uma cidade fantasma.

Uma vez, entrei na capela depois do almoço e encontrei-a cheia de freiras rezando. Ao que parece, era ali que as irmãs passavam a maior parte do tempo. Ajoelhei-me num genuflexório e observei o majestoso e alto teto abobadado. As imagens de Jesus e da Virgem Maria irradiavam uma tranquilidade especial, vigiando entre a fumaça das velas e o vapor do incenso, que flutuavam para o alto. Eu não ousava respirar mais fundo, temendo que aquilo tudo se desmanchasse. Alguém começou a tocar o órgão. A música me encantou. Durante alguns minutos, me senti segura de novo, do jeito que me sentia nos sábados à noite em Xangai, quando ficava na cama por horas e horas, sabendo que não era preciso levantar cedo na manhã seguinte. Uma vez mais, vi Ye Ye e tia Baba jogando cartas ao lado da cama. Tudo era aconchegante, relaxado e confortável. O cabelo de minha tia estava bem penteado para trás, preso num coque que brilhava à luz da lâmpada. Ouvi de novo o ritmo de sua voz misturado à risada de Ye Ye que pairava no quarto. Que sons tranquilizantes, maravilhosos! Ela então arranjava as cobertas à minha volta e baixava o mosquiteiro sobre a cama.

No dia de Natal, jantei sozinha no vasto refeitório. Irmã Hélène trouxe-me um enorme prato de presunto, feijão e batatas. Enquanto isso, ela corria para lá e para cá distraidamente, trazendo uma coisa de cada vez: pão, água, manteiga, suco de maçã, sal, pimenta. Mas esqueceu de me dar um garfo, e eu não tinha com que comer. Num minuto, ela parecia contente por eu estar ali e ela poder se ocupar comigo. No minuto seguinte, tinha se esquecido de mim, dizendo que voltaria para me trazer pudim quente de Natal de sobremesa.

Fiquei horas sentada, mexendo a comida no prato. Lá fora, dava para ouvir o som do gramofone arranhando o doce refrão de "Noite feliz" cantado por uma soprano desconhecida. Deitei a cabeça nos braços dobrados em cima da mesa do refeitório e dormi.

Mais tarde, nessa noite, escrevi uma carta de Natal para tia Baba:

Querida Tia Baba,

Estou pensando no que devia dizer a você, porque não quero que fique preocupada; mas não tem mais nenhuma aluna na escola além de mim. Sou a única que sobrou. Só eu e as irmãs neste lugar enorme. Às vezes, não consigo deixar de pensar no que vai acontecer quando os comunistas chegarem. Será que vão me levar embora com as irmãs e me colocar na prisão também? É impossível descrever como me sinto. Escrevi para você tantas e tantas vezes! E para Ye Ye e o Terceiro Irmão também. Até agora não recebi carta de ninguém. Por que não me escreve? Por que ninguém me manda uma carta? Quero que me mande algumas linhas quando receber isto. Não posso imaginar por que não responde. Não faz ideia de como são as coisas. Ficar aqui sozinha me deixa muito, muito triste. À noite, fico acordada um longo tempo olhando as outras camas vazias no dormitório, uma ao lado da outra, como pequenas tumbas.

Quero que me mande uma fotografia sua para eu colocar em minha cama. Daria tudo no mundo para estar com você e Ye Ye de novo em Xangai.

Não se esqueça de mim.

Um após o outro, os dias passavam tristes. O Ano-novo chegou, e já era 1949. Não havia ninguém com quem brincar e nada para fazer. As irmãs estavam preocupadas e aflitas demais para se importarem comigo. Todo dia era um dia livre. Eu passava muito tempo na biblioteca lendo contos de fadas. Madre Marie havia me dado de Natal um livro chamado *Magia de papel* (*Jogos solitários com papel: origami e recortes*). Durante horas a fio, aprendi a dobrar e cortar papel na forma de aviões, navios, flores, macacos e pássaros. Eu adorava o livro, porque todos os meus problemas pareciam desaparecer quando aplicava a sua magia.

Não tinha coragem de perguntar demais a madre Marie se havia chegado alguma correspondência, porque a resposta era sempre não. Eu desconhecia que Niang havia instruído as freiras a reter todas as cartas que eu recebesse ou quisesse enviar. A correspondência deveria então seguir para ela.

"Olhe, não adianta perguntar mais!", ela me disse um dia. "Acredite, se chegar uma carta para você, eu grito do alto do telhado e levo para você na mesma hora! Mesmo que esteja dormindo, eu acordo você!" Ela então pareceu embaraçada e me deu uma bala que tirou de uma caixinha dourada em seu bolso. "Esta caixinha de rapé é a única coisa que tenho para me lembrar de meu pai", disse. "Ele morreu em Nîmes, três anos atrás. Está vendo, nós todos sofremos de um jeito ou de outro... Vamos rezar uma pela outra." Na voz dela percebi tristeza e medo.

Eu estava batendo bola na parede do pátio da escola, jogava o mais alto que conseguia e pulava para pegar. Vi madre Marie soprando e bufando na minha direção. Estava sacudindo o braço direito e gritando: "Adeline! Adeline!".*

Seria hora do almoço, já? Olhei para ela e bati a bola uma última vez, com força. E ela voltou! Tentei pegá-la, mas caiu em cima da minha cabeça. Doeu bastante, mas não queria que madre Marie percebesse, então fingi que não era nada. O que ela estava dizendo?

"Adeline! Sua tia está aqui para tirar você da escola! Ela está indo para Hong Kong na semana que vem, e quer que você vá com ela!"

Meu coração deu um pulo gigantesco quando entendi suas palavras. Por um momento deslumbrante, entendi com todas as fibras do meu ser que de alguma forma, contra todas as probabilidades, tia Baba tinha vindo em meu socorro! Todo o meu ser vibrava de alegria, e corri o mais depressa que pude para a sala de visitas, seguida por madre Marie.

Na entrada, parei abruptamente. Na minha frente estava uma mulher estrangeira, pequena, reservada, de cabelo castanho-escuro, vestida com roupa ocidental. Não havia mais ninguém.

* Na escola São José, as freiras me chamavam de Adeline Yen, em vez de Yen Jun-lin.

"Adeline!", ela sorriu e me cumprimentou em inglês. "Como você cresceu! Não se lembra de mim? Sou a tia Reine Schilling, irmã mais velha de sua Niang."

Retribuí o sorriso timidamente, sem dizer nada. Uma negra onda de decepção tomou conta de mim.

"Venha cá! Não tenha medo! A última vez que nos vimos você ainda estava no jardim de infância. Deve ter sido uns seis anos atrás, quando sua Nai Nai ainda estava viva. Você tinha quatro ou cinco anos. Não é de admirar que não se lembre!"

Alguma coisa tomou conta de mim. Grandes ondas de angústia cresceram. Tentei insistentemente cumprimentá-la, ser educada e dizer que estava muito grata por ela ter vindo. As palavras me sufocavam enquanto eu tentava falar, amaldiçoando em silêncio meu inglês fraco. Depois, para meu maior constrangimento, na frente de madre Marie e da estranha, comecei a chorar.

Mal sabia por que estava chorando. Nos últimos meses, aceitara com estoica fortaleza os golpes que vinham. A dor de ser separada de minha tia; a ansiedade de ver desaparecer do São José todas as minhas colegas de escola; a percepção de ser abandonada e esquecida; o medo de ser presa pelos comunistas; a consciência do terror e do desamparo das próprias professoras...

Claro, eu não tinha palavras para descrever tudo isso. De alguma forma, ainda era desesperadamente importante manter as aparências. Além disso, tia Reine estava alisando meu cabelo e dizendo para eu não chorar. "Calma, agora! Calma! Vai ficar tudo bem! Foi muito bom seus pais terem mencionado que você estava matriculada como interna na São José quando jantaram comigo em setembro. Senão, como nós íamos saber? E pensar que podíamos ter ido embora de Tianjin sem você! Agora, pode ir conosco no barco para Hong Kong na semana que vem. Vai viajar na cabine comigo e minha filha Claudine. Ela tem nove anos. Meu marido, Jean, vai dormir em outra cabine com nosso filho Victor, que tem dez. Seus pais vão ficar contentes de ver você. Eles foram de avião para Hong Kong três meses atrás, com Ye Ye e seu irmão e irmã menores.

Pela primeira vez desde a minha chegada a Tianjin, as irmãs permitiram que eu saísse. Fomos andando depressa para a casa de papai na rua Shandong. Lá fora estava um dia claro, ensolarado e frio. As ruas desertas, pouco tráfego e poucos pedestres. Um caminhão carregado de soldados com quepes pontudos e uniformes de inverno acolchoados passou por nós. "Exército de Libertação do Povo!", exclamou tia Reine. "Como são jovens! Nenhum desses soldados comunistas parece ter mais de vinte anos!"
Fiquei chocada. "Tianjin está nas mãos dos comunistas?", perguntei num sussurro. "Chang Kai-chek perdeu a guerra?"
"Perdeu! Sem disparar praticamente nenhum tiro! Pequim foi tomada também. Os nacionalistas simplesmente desistiram e se retiraram para o sul. As irmãs não contaram a você?"
"Não, elas nunca falam da guerra civil. Mas as meninas foram todas embora, e sou a única aluna que sobrou. Muito obrigada por me resgatar."
"Foi bom eu me lembrar de você de repente. Sabe, nós estávamos morando na casa de seu pai esses últimos meses, cuidando da casa para ele. Como estamos indo embora, tentei entrar em contato com sua Irmã Grande para que ela ficasse de olho na casa. Então fiquei sabendo que ela e o marido já escaparam para Taiwan. Sua irmã não foi visitar você para se despedir antes de ir embora de Tianjin?"
"Não vi ninguém desde que vim para cá, em setembro passado. Você é minha primeira e única visita."
"Não está com medo? Sozinha desse jeito?"
Percebi preocupação na voz dela, e cheguei perto das lágrimas outra vez. "Um pouco."
Ela tentou me tranquilizar. "Vai ficar tudo bem de agora em diante."
"Onde está tia Baba? Ela foi para Hong Kong também?"
"Não, ela escolheu ficar em Xangai."
"Niang sabe que você vai me levar para Hong Kong?"
"Não, não pude escrever para ela."
Fiquei apavorada e tremi de medo. "Posso, por favor, ir para Xangai, em vez de Hong Kong?"

"Não, claro que não! Os comunistas provavelmente vão marchar para Xangai dentro de alguns meses. Não fique tão apavorada! Vai estar em segurança em menos de três semanas. Depois do almoço, vamos voltar de riquixá e pegar suas coisas. O que pode ser melhor do que estar com seus pais e Ye Ye na casa nova deles em Hong Kong?"

Não ousei responder, mas pensei: O que pode ser pior? O tempo todo eu tremia diante da ideia do que Niang iria dizer quando me visse.

## 16
## Hong Kong
## 香 港

Nós três, crianças, estávamos muito excitados quando subimos a rampa do navio inglês *China Star* e vimos oficiais, tripulação e funcionários correndo por todo lado. Um comissário chinês ia na frente e ajudou tio Jean e tia Reine com a bagagem. Victor, Claudine e eu seguíamos atrás. O comissário era alto e magro, e pairava acima de todo mundo. A cabeça dele era completamente careca, e ele mancava bastante.

Ao acompanhá-lo por um longo corredor estreito até as nossas cabines, tudo o que víamos era a careca brilhante do comissário subindo e descendo debaixo das luzes fracas do teto. Victor cochichou para mim: "O bom de não ter nenhum cabelo na cabeça é que você nunca tem um fio fora do lugar!".

Embora eu ainda estivesse nervosa e calada porque fazia apenas três dias que tia Reine havia me tirado da São José, ri bem alto. Era esse o efeito de Victor sobre as pessoas. Ele e Claudine me puseram à vontade assim que os conheci.

"Meninos para a direita, meninas para a esquerda," disse tio Jean. Nossas duas cabines ficavam uma em frente à outra. Dentro, tudo era arrumado, vazio e limpo.

Enquanto tia Reine, Claudine e eu estávamos desmanchando as malas, bateram na porta. Victor ali estava, sorrindo de orelha a orelha e usando um colete salva-vidas vermelho-vivo e laranja.

"Por que está vestindo isso?", protestou Claudine. "O navio nem partiu ainda!"

"Para o caso de o *China Star* começar a afundar. Aí você vai se arrepender de não estar usando um também! Olhe! Deixe eu mostrar uma coisa!" Ele abriu a cortina e olhou para fora da escotilha redonda. Nossa cabine ficava abaixo do nível

do mar. Lá fora não se via nada além de água escura. Parecia bem sinistro e ameaçador.
"Claudine ficou alarmada. "Mamã, navio afunda muito?", perguntou.
Antes que tia Reine tivesse tempo de responder, Victor brincou com uma cara séria: "Muito não, uma vez só!".
Tia Reine e eu não conseguimos deixar de dar risada. Mas então Victor fez uma coisa que meus irmãos nunca teriam feito. Despiu o colete salva-vidas, vestiu-o na irmã e mostrou a ela como apertar as correias.
Havia apenas duas estreitas camas gêmeas em nossa cabine, ambas cobertas com uma colcha azul-escura bem esticada. À noite, nosso comissário trouxe um pequeno catre desmontável, porque éramos três.
Pensei que o catre seria para mim. Embora o colchão fosse fino e ficasse a quinze centímetros do chão, eu não ligava, porque era um preço pequeno a pagar por ter sido salva dos comunistas. Estava arrumando os lençóis e o travesseiro quando tia Reine me deteve com a mão em meu braço.
"Ora, ora! Lembre o que disse a você em seu primeiro dia conosco. É tudo dividido por igual em nossa família. Ninguém vai ser tratado de modo diferente. Venha, vamos tirar a sorte para resolver quem vai dormir no chão."
Rasgou uma folha de papel em três pedaços, escreveu "cama 1", "cama 2" e "catre", depois dobrou e colocou os papéis dentro de um saco, de onde tiramos um cada uma, inclusive a própria tia Reine. Claudine tirou primeiro, recebeu o "catre" e dormiu ali o tempo todo sem protestar.
Foi assim que a família Schilling me tratou durante o tempo que passei com eles. Eles fizeram com que eu me sentisse como se fosse uma terceira filha. Pela primeira vez em minha vida, não fiquei automaticamente com a parte pior, mas recebi uma parte igual, do mesmo jeito que Victor e Claudine.
Enquanto o vapor navegava para o sul, o tempo foi ficando perceptivelmente mais quente. O mar estava calmo, e nós três passávamos muito tempo brincando de esconde-esconde no convés. Uma vez, Victor ficou escondido em um barco salva-

-vidas durante meia hora enquanto o procurávamos por toda parte. De repente, ele saltou para fora quando estávamos passando embaixo dele, nos assustando e deliciando ao mesmo tempo. "Eu sou Simbad, o marujo!", ele gritou. "Vocês não adoram o cheiro salgado do mar, o ruído dos motores e tudo o mais neste navio?"

"O que eu mais gosto é da biblioteca. Vamos lá!", eu disse aos dois. A biblioteca ficava escondida em um canto quieto e afastado, perto de um átrio banhado de sol. Todos os livros eram em inglês. A maioria era de mistério, romances e livros de viagem. Investigamos um pouco até que Victor encontrou uma pilha de jogos. Claudine acabou se revelando um ás no Banco Imobiliário. Enquanto jogávamos, não pude deixar de notar como Victor era atencioso com a irmã. Embora gostasse de provocá-la, era gentil e protetor ao mesmo tempo.

Nessa viagem, durante longos momentos, enquanto nos perseguíamos pelo convés, líamos livros na biblioteca, jogávamos no átrio ou fazíamos recortes de papel do livro que madre Marie havia me dado, eu realmente me senti parte da família Schilling, e não mais uma filha indesejada que vem sempre por último.

À noite, eu fantasiava ser adotada por eles, fazer parte da família e ir embora com eles para sempre. Que maravilha seria a vida se eu nunca mais tivesse de encarar Niang! Mas então lembrava minha verdadeira posição, e meu coração era tocado pelo gelo.

Não dava para esperar mais. Havia de chegar o dia abominável em que eu teria de enfrentar Niang. Nosso navio atracou na doca do porto de Hong Kong. Descemos a prancha em busca de um rosto familiar, mas não havia ninguém para nos receber.

Tia Reine me consolou. "Foi muito difícil conseguir as passagens de navio, e eu não tinha certeza até o último minuto. Aí, já era tarde demais para escrever para seus pais. Dois meses atrás, mandei efetivamente uma carta para eles dizendo que viríamos mesmo para Hong Kong logo, mas que não sabia a data exata. Vou procurar um telefone, contar que estamos aqui, e que você está conosco, Adeline! Eles vão ficar tão felizes!"

Victor e Claudine reclamaram em uníssono, decepcionados por não haver ninguém esperando. Eu dei um suspiro de alívio, mas logo fingi desapontamento.

Chamamos um táxi e nos apertamos com toda a nossa bagagem. Tia Reine virou-se para mim. "Esqueci que hoje é domingo. Tivemos sorte, porque quando liguei para seus pais, encontrei todos em casa! Inclusive seu pai!"

Fiquei ali sentada no táxi, em silencioso terror. As ruas eram limpas, e o tráfego, organizado. Nosso táxi seguia atrás de um alto ônibus vermelho de dois andares, que parou no sinal.

Claudine abriu a janela do carro. "Como é quente e abafado em Hong Kong!", disse. "Olhe as placas da rua, são todas bilíngues, com o inglês em cima e o chinês embaixo, mas nada em francês."

Victor assumiu um tom superior. "É claro que não tem nada em francês. Tem de ser tudo em inglês, porque estamos em território inglês. Hong Kong é colônia britânica há mais de cem anos. Passou para a Grã-Bretanha quando a China perdeu a Guerra do Ópio. Olhe as placas das lojas! Também são em inglês!"

Depois de passar tanto tempo juntos viajando de Tianjin para Hong Kong, nós três havíamos nos tornado bons amigos. Victor me disse: "Vamos continuar nosso jogo de Banco Imobiliário quando chegarmos à casa de seus pais. A bordo eu perdia sempre. Talvez minha sorte mude aqui. Você me mostra como se fazem aqueles recortes de papel e me empresta aquele livro que madre Marie lhe deu, chamado *Magia de papel*? Que livro bacana! Acha que sua mãe vai deixar a gente usar folhas grandes de papel para fazer frotas de aviões e batalhões de soldados? Vou pintar neles formas de duas cores diferentes, assim podemos brincar. Não vai ser divertido?". Eu sorri e concordei. Victor nem desconfiava que a Niang de mentirinha de quem eu falava era muito diferente daquela verdadeira que íamos enfrentar.

De repente, nosso táxi entrou em uma rua em cuja placa se lia RUA BOUNDARY, e parou na frente de um imponente prédio de escola. Será que eu ia ser despejada em outra escola tão depressa? Uma grande placa acima do portão dizia ESCOLA CONVENTUAL MARYKNOLL. Não havia crianças por perto, e o portão estava fechado.

O motorista do táxi me pediu a tarifa em cantonês, esperando que eu traduzisse, visto que eu era a única com cara de chinesa. Tia Reine respondeu em mandarim fluente e pagou. Ele a olhou com respeito, apontou o prédio de apartamentos de três andares do outro lado da rua e nos ajudou com a bagagem. Então, eles moravam na frente de uma escola para meninas, pensei. Será que a Irmãzinha está matriculada aqui? Que bom para ela!

De repente, papai, Niang, o Quarto Irmão, a Irmãzinha e duas empregadas estavam em volta de nós. "Olá! Olá! Olá! Olá! Bem-vindos! Bem-vindos!" Niang estava abraçando tia Reine e conversando alegremente numa mistura de francês e inglês. "Estávamos olhando vocês da sacada! Entrem! Entrem!" A saudação dela parecia incluir a mim, embora não tivesse feito contato visual comigo, nem se dirigido a mim diretamente.

Papai, sorrindo de orelha a orelha, apertou a mão de tio Jean calorosamente. O Quarto Irmão cumprimentou Victor, e a Irmãzinha estava conversando com Claudine. Na confusão, tinham se esquecido de mim! Eu estava tonta com a minha sorte, e fiquei para trás com as empregadas, ajudando com a bagagem.

Fui a última a subir penosamente a escada com minha mala. O apartamento ficava no segundo andar. A porta estava meio aberta, e entrei num salão conjugado com a sala de jantar. Lá dentro o salão estava na penumbra, mas ouvi vozes e risos vindos da sala de estar. Pisquei para acostumar os olhos e, hesitante, deixei a mala no chão e empurrei para perto da parede para incomodar o menos possível.

Alguém tossiu, e levantei os olhos, sobressaltada ao perceber que não estava sozinha. Meus olhos se acostumaram com a semiescuridão, e ali, sentado tranquilamente numa ponta da mesa de jantar oval, diante da janela pequena, encontrei meu avô!

"Ye Ye!", gritei com o coração pulando de alegria. Corri até ele, sabendo que estava à minha espera.

"Deixe-me olhar para você", disse ele, medindo a altura da minha cabeça em seu peito. "Nossa, como cresceu! Acho que deve estar tão alta quanto sua tia Baba. Mas conte, foi a primeira da classe lá em Tianjin?"

Eu não podia dizer a ele que havia sido a única estudante a permanecer na escola toda. Além disso, estava um pouco tímida porque ele soava estranho e familiar ao mesmo tempo. Havia nele alguma coisa indefinível que me fazia sentir um nó na garganta. Baixei os olhos para os pés, incapaz de falar por um momento.

"Já esqueceu como se fala o nosso dialeto de Xangai?", brincou. "Já é capaz de papagaiar em francês e inglês, agora? Tire o casaco! Por que está de casaco se o suor escorre pelo rosto desse jeito? Acho que ainda está vestida para aquele clima duro de Tianjin! O que será de você? Tão grande, e ainda tão pequena!"

A voz dele estava cheia de amor, despertava lembranças há muito suprimidas — de casa, de Xangai, de tia Baba. Tirei o casaco e o suéter. Por baixo, vestia ainda a blusa branca de manga comprida e a saia de lã azul-marinho que compunham o uniforme de inverno da São José e eram as únicas roupas que ainda me serviam. "Melhor a gente entrar e ficar com seus pais, agora", disse ele com certa relutância, e foi na frente. "Senão eles vão ficar imaginando onde você está."

Na sala de estar, estavam todos reunidos em torno de uma mesinha de centro de vidro. Abriram espaço para mim e deram o lugar de honra para Ye Ye, enquanto eu me acomodava no chão junto com as outras crianças. Tia Reine estava com uma tesoura na mão direita. Ela tirou o casaco e examinou os botões, um a um. Enquanto nós olhávamos, fascinados, ela escolheu um botão, cortou um nó e puxou um fio. De dentro surgiu um diamante cintilante, brilhando magnífico contra o pano marrom-escuro do paletó de inverno. Todo mundo ficou de boca aberta, e Niang riu alto batendo as mãos, como uma criança.

Tia Reine repetiu o processo até que havia oito pedras preciosas brilhando diante de nós, nos ofuscando com sua beleza e esplendor.

"Minha coleção de diamantes inteira!", exclamou Niang.

"Como você é esperta, Reine! Ninguém desconfiou?"

"Houve alguns momentos assustadores", respondeu tia Reine, sorrindo. "Mas não vamos falar disso na frente das crianças! Você recuperou não só as suas pedras preciosas, mas resgatamos também sua filha das mãos dos comunistas! Isso pede uma dupla comemoração, *n'est-ce pas?*"

Embora tia Reine estivesse falando de mim, nem Niang nem papai olharam na minha direção. Até agora, eles não haviam se dirigido a mim. O olhar deles era daquele que olha mas não vê.

"Champanhe para todo mundo!", exclamou papai, sorrindo de orelha a orelha. "Como podemos agradecer? Podemos convidar vocês para jantar no Hotel Península hoje à noite? Acabaram de contratar um novo chef que é excelente..."

Durante a confusão que se seguiu, Ye Ye me fez um sinal para sair da sala com ele. "Quando tia Reine telefonou hoje de manhã e eu soube de sua chegada inesperada a Hong Kong", ele disse, "mandei na mesma hora as empregadas arrumarem uma caminha no meu quarto. Enquanto Niang está nessa euforia, desarrume sua mala depressa e se acomode, antes que ela mude de ideia sobre a sua permanência aqui. Este apartamento é pequeno e tem pouco espaço..."

"Obrigada, Ye Ye." Peguei minha mala e fui atrás dele até o seu quarto. Não era preciso dizer mais nada. Ele não se estendeu, e eu não fiz perguntas. Nós dois entendíamos muito bem a condição de cada um. Ele voltou para a sala, enquanto eu fiquei desarrumando a mala. Voltei a pensar naquele traço novo que havia na voz dele e que não existia antes. O que era aquilo? A palavra correta me veio quando fechei a tampa da mala vazia. Claro! Era "derrota". Ye Ye havia desistido.

A família Schilling se hospedou num pequeno hotel ali perto. Na manhã seguinte, vieram tomar o café da manhã às nove horas. Papai já tinha ido para o escritório, e o Quarto Irmão e a Irmãzinha estavam na escola. Niang tinha organizado tudo para levar a família da irmã para fazer compras e passear. Ela convidou Ye Ye para ir junto.

"Não, obrigado", recusou Ye Ye, delicadamente. "Estou um pouco cansado, hoje. Meu pescoço está me incomodando."

"Adeline, você podia ser útil em alguma coisa, para variar, e fazer uma massagem no pescoço de Ye Ye", ordenou Niang, olhando para mim pela primeira vez.

Eu fiquei exultante! Não só Niang finalmente me reconhecia, como até me dava uma tarefa a realizar! Teria me perdoado? "Claro, Niang", respondi prontamente.

Victor gemeu. "Isso quer dizer que Adeline não vem conosco? *Quel dommage!* Antes do passeio, Adeline, que tal dobrar mais alguns aviões comigo? Ainda dá tempo."

Depois que eles saíram, Ye Ye e eu nos acomodamos na sala luminosa e arejada.

"Leia o jornal para mim", disse Ye Ye. "A letra de imprensa aqui em Hong Kong é bem menor. Não consigo ler o jornal sem meus óculos. Meu médico disse que é por causa do diabetes. Ultimamente, tenho encontrado dificuldade para escutar. Sinto dor nas costas aqui embaixo e no pescoço também. O pior de envelhecer é que os aparelhos do meu corpo vão quebrando, um por um."

Comecei a ler, mas todas as notícias eram deprimentes.

Estima-se que as baixas ocorridas na batalha de Huai Hai tenham custado aos nacionalistas mais de meio milhão de soldados. Chang Kai-chek renunciou definitivamente à Presidência da China. O vice-presidente Li Tsung-jen assume o posto, e está tentando negociar a paz com os comunistas. Os soldados do Exército de Libertação do Povo estão marchando para Pequim e Xangai e preparam-se para atravessar em massa o rio Yang-tsé. Multidões pretendem fugir de Xangai para Hong Kong e Taiwan, provocando tumultos nos escritórios de venda de passagens. O dólar americano vale agora 9,5 milhões de yuans chineses.

Eu parava toda hora, porque desconhecia muitas palavras chinesas.
"Está esquecendo chinês!", advertiu Ye Ye. "Vá pegar o dicionário na mesinha ao lado da minha cama. Procure essas palavras novas que acabei de ensinar e copie no caderno."
Minha cabeça estava cheia de ideias sombrias, e de repente explodi: "Estou cansada de copiar cegamente, sem parar, caracteres chineses no meu caderno, feito um robô! Odeio estudar chinês! É perda de tempo. Além disso, seu dicionário não é um dicionário de verdade. É só chinês-chinês, não chinês-inglês. Quero aprender só inglês, não chinês".
"Como pode dizer isso?", perguntou Ye Ye.
A mágoa no rosto dele me fez recuar, mas não conseguia me conter. "Minha professora madre Marie disse que o único jeito de progredir na segunda metade do século XX é tendo fluência em inglês."
"Bem, me dê um pedaço de papel, pegue uma caneta e venha aqui", disse Ye Ye, de mansinho. "Vou mostrar uma coisa. Você tem uma boa cabeça e um intelecto sutil, mas os sentimentos que expressa não só demonstram a sua ignorância, mas também machucam meu coração. Não esqueça que a conheço muito bem. Não só o seu aspecto exterior, mas também como você é por dentro. Como pode dizer que odeia estudar chinês se é chinesa? Vá olhar no espelho, se tem alguma dúvida!
"Você pode ter razão em acreditar que se estudar bastante um dia será fluente em inglês. Mas vai continuar parecendo chinesa, e quando as pessoas conhecerem você, vão ver uma garota chinesa, por melhor que fale inglês. O que se espera é que você saiba chinês, e se não souber, não vão respeitar você.
"Além disso, a China é um país imenso, com uma vasta população e uma cultura antiga. Embora a vida tenha de ser vivi-

da para a frente, ela só pode ser entendida para trás. Ler a história da China vai iluminar você de um jeito que nenhum texto inglês conseguiria.

"Minha previsão é que daqui a cem anos as muitas línguas do mundo terão sido reduzidas a três: chinês, inglês e espanhol. O chinês nunca vai desaparecer, porque a população da China tem uma língua escrita unificada.

"Acima de tudo, existe a sabedoria e a magia de nossa própria língua. Ao ler um livro chinês, tente olhar os caracteres e pensar neles. Conheci muita gente que parecia conhecer muitas palavras, mas que na verdade nunca havia captado o verdadeiro sentido de nenhuma delas.

"Deixe-me dar um exemplo de um caractere apenas, 貝 (*bei*), para ilustrar o que quero dizer.

"No tempo antigo, usavam-se conchas de cauri como dinheiro, e elas eram trocadas por mercadorias e serviços. Com o tempo, essas conchas passaram a ter um furo, pelo qual se passava um fio, e carregava-se uma fieira de conchas. Um fio era chamado 貝 (*bei*). Olhe o caractere 貝 (*bei*) com atenção. Não parece uma fieira de conchas presas por um pedaço de fio com um nó na ponta?

"Concordo que é mais difícil aprender as palavras chinesas do que as inglesas. Não temos alfabeto, e não existe nenhuma correlação entre a língua escrita e a língua falada. Na verdade, conheci um francês, uma vez, que não falava nem uma palavra de chinês, mas escrevia e lia em chinês tão bem que trabalhava como tradutor de legislação chinesa no consulado francês de Xangai. O chinês é uma língua pictográfica, não fonética. Nossas palavras vêm de imagens. O sentido de muitos caracteres é sutil e profundo. Outras palavras são poéticas, e mesmo filosóficas.

"Voltando ao 貝(*bei*). Como a palavra evoluiu de alguma coisa que era 'valiosa' no tempo antigo, palavras chinesas modernas que contêm o componente 貝 (*bei*) estão de alguma forma associadas a finanças e comércio. Pegue a palavra 買; ela quer dizer 'comprar'. 賣 quer dizer 'vender'. Coloque as duas palavras lado a lado 買賣 (comprar-vender), e o termo significa negócios. Ora, qual a essência dos negócios senão comprar e vender? Independentemente do que estiver comercializando, se você quer ter sucesso nos negócios, espera comprar por preço baixo e vender por preço alto. Senão vai ter problemas sérios. Essa é uma verdade universal, não importa qual for o seu negócio.

"Olhe para 買賣 outra vez. Qual a única diferença entre os dois caracteres? Comparada com 買 ('comprar'), a palavra 賣 ('vender') tem o símbolo 土 em cima. O que é 土? A palavra 土 quer dizer 'terra' ou 'terreno'. Se a essência dos negócios é comprar e vender, então seu ingrediente mais importante é 土 ('terra' ou 'terreno'). Se você entrar para os negócios comerciais um dia, tenha isso em mente. Tudo o mais pode ser melhor, mais barato, mais rápido, mas não a terra. É o único bem que não pode nunca ser duplicado nem substituído.

"Agora olhe estas outras duas palavras que também contêm 貝 (bei). Elas são muito parecidas. À primeira vista, se você for descuidada, pode até tomar uma pela outra: 貧 (pin) e 貪 (tan). Mas você tem de ser muito, muito cuidadosa. Nunca misture as duas só porque elas se parecem. 貧 (pin) quer dizer 'pobreza'. 貪 (tan) quer dizer 'ganância'. Lembre como as duas palavras são parecidas. É, pobreza e ganância estão intimamente ligadas de formas muito misteriosas. Quem tudo quer, tudo perde.

"Veja o jornal aí na sua frente. Escolha outra palavra, por exemplo 意 (yi). Olhe para ela. A parte de cima 音 (yin) é 'som'. A parte de baixo, 心 (xin), é 'coração'. 心 não parece um coração pulsando? Ponha 音 (yin) em cima de 心 (xin), e você tem 意 (yi), que quer dizer 'o som do coração'. A nova palavra, 意 (yi), é o símbolo para 'intenção' ou 'significado'. O que é a intenção senão 'o som do coração'?

"Que tal uma nova palavra, uma palavra difícil, 繭 (jian). Em cima, o símbolo para 'grama' ou 'palha' ou 'matéria vegetal' 艹. Embaixo, uma casinha com uma divisão no meio 巾. À esquerda da parede está 幺, símbolo para 'pequeno'. À direita está 虫 (chong), um signo para verme. Então temos aqui uma casinha feita de matéria vegetal com um pequeno verme dentro. O que quer dizer a palavra? 繭 'casulo'! Olhe para ela de novo. Agora feche os olhos! Está vendo uma cabaninha de palha com um vermezinho dentro?

"Então podemos ter duas ou mais palavras que, combinadas, se transformam em alguma coisa maravilhosa e iluminadora. Por exemplo, 危 (*wei*) significa 'perigo'. 機 (*ji*) significa 'oportunidade'. Junte as duas, e você tem uma 'crise' 危機. Separe as duas, e nunca se esqueça: sempre que estiver em uma crise, vai estar entre o perigo e a oportunidade. Agora, ainda acha que é chato estudar chinês?"

Durante uma semana inteira, Niang saiu com os Schilling. Ela sempre convidava Ye Ye, mas nunca me incluía. Todo mundo sabia que ela não queria realmente que Ye Ye fosse com ela e que o convidava só por educação. Ele invariavelmente agradecia e dizia que preferia ficar descansando em casa.

Eu me importava de ficar para trás com meu avô? Claro que não! Assim que Niang saía, era como se um peso tivesse sido tirado dos meus ombros. Além de Ye Ye, de mim e das empregadas, o próprio apartamento parecia dar um suspiro de alívio. Imediatamente o lugar todo ficava mais claro, mais aconchegante, mais amigável. Nós dois sentados lado a lado, jogando xadrez chinês ou lendo o jornal, a casa se transformando aos poucos em um lugar mais feliz e mais íntimo.

Uma semana passou, e era domingo outra vez. O sol brilhava, todo mundo estava em casa, e havia excitação no ar. No café da manhã, Niang anunciou: "Hoje vamos todos fazer uma longa viagem para ver paisagens e visitar o elegante hotel da baía Repulse, do outro lado da ilha de Hong Kong. Fiz reservas para o almoço no restaurante do hotel, que tem uma vista magnífica e uma comida deliciosa. Vamos pegar uma balsa para ir de Kowloon a Hong Kong. Depois do almoço, vamos nadar na praia, alugar uma barraca e fazer um piquenique à tarde. Não vai ser divertido?".

Ela fez tudo soar tão atraente que dessa vez até Ye Ye concordou em ir.

Imaginei se eu seria incluída nesse passeio especial. Niang não havia dito que eu podia ir. Nem que não podia.

Um a um, eles foram entrando no grande Studebaker de papai, enquanto as empregadas enchiam o porta-malas do carro com cestos de piquenique, cobertas e toalhas. Papai, Ye Ye e tio Pierre foram na frente. Niang, tia Reine, Claudine, o Quarto Irmão e a Irmãzinha, atrás. Victor e eu ficamos hesitando lado a lado. O carro cedia sob o peso de tantos passageiros.

"Entre, Victor", gritou Niang alegremente em francês. "Espaço só para mais um, acho. Nós todos temos de nos apertar um pouquinho mais."

Victor estava meio dentro, meio fora do carro. Ele se virou e me viu olhando para ele da calçada. "Não é justo, mamã, e Adeline?", ele perguntou para tia Reine, em francês. "Como Ye Ye está indo conosco, ela vai ficar sozinha em casa. Por que não vai junto?"

Como não entendia francês e estava impaciente para partir, papai perguntou a Victor, em inglês: "O que foi, Victor, quer usar o banheiro antes de sairmos?".

Victor sacudiu a cabeça. "Não, tio Joseph", ele começou a dizer em inglês, mas Niang interrompeu em francês. "Não tem espaço. Você pode ver como estamos apertados."

"Mas... e ontem e anteontem?", insistiu Victor.

"Pare de enrolar e entre no carro!", ordenou tia Reine. "Está todo mundo pronto para ir, e você está atrasando tudo."

"É tão injusto", continuou Victor. "Por que ela não vai conosco a lugar nenhum?"

"É assim que é!", exclamou Niang, dura. "Ou você entra agora e vem conosco, ou pode ficar em casa com ela. Escolha!"

"Nesse caso", respondeu Victor, "acho que vou ficar e fazer companhia a Adeline."

Ele desceu e parou ao meu lado. Juntos, observamos o carro se afastar. Eu fiquei perplexa com esse cavalheirismo, mas não consegui encontrar palavras para expressar minha gratidão. Depois de uma pausa dolorosa, corri para cima, pesquei meu livro *Magia de papel*, dei a ele e disse: "Isto é para você".

Ele pegou o livro com cuidado, surpreso demais para dizer qualquer coisa, sem conseguir acreditar na própria sorte.

## 17

## Colégio interno em Hong Kong
## 香 港 寄 宿 生

Eu sabia que os Schilling iam partir de Hong Kong para Genebra na quinta-feira de manhã, então me levantei cedo e fiquei borboleteando perto da porta de casa, na esperança de papai me deixar acompanhá-los quando fosse levá-los ao porto. Mas ele estava com pressa, e eu era tímida demais para dizer qualquer coisa. O resultado foi que nunca me despedi.

Dois dias depois, uma hora após o almoço, na tarde de sábado, a empregada Ah Gum bateu em nossa porta. Abri devagarinho e pus o dedo nos lábios porque Ye Ye estava tirando a sua soneca da tarde. Ela sussurrou que Niang queria que eu fizesse minha mala imediatamente porque eu iria partir.

Papai estava no escritório, e a Irmãzinha tinha ido a uma festa de aniversário. Niang, o Quarto Irmão e eu entramos no banco de trás do Studebaker de papai. Eu não sabia para onde me levariam e não ousava perguntar. No carro, o Quarto Irmão me esnobou deliberadamente. Ele estava brincando com o anel de brilhante de Niang, virando e revirando a joia no dedo dela. Eu invejava o privilégio e a liberdade dele enquanto punha o dedo para lá e para cá, tentando captar os raios de sol. Ela olhava, indulgente, e eu me sentei bem aprumada no meu canto, com as costas direitas e a saia puxada, esperando não ser notada. Sabia que o Quarto Irmão estava zangado comigo por causa do que havia acontecido pouco antes.

Ye Ye tinha o costume de entrar na sala de estar às oito horas toda manhã para ler o jornal depois do café da manhã. A vista dele estava falhando, e ele gostava do sol claro desse momento. Para minha surpresa, percebi o Quarto Irmão espiando furtivamente no corredor. Pensei: É sábado, e não tem escola. Além disso, o Quarto Irmão detesta levantar cedo. O que ele estará aprontando?

Ye Ye arrastava os pés no corredor em direção à porta semiaberta da sala. Por acaso olhei para cima e vi uma pilha de grossas enciclopédias equilibradas precariamente na parte superior da porta: à espera de cair na cabeça raspada de Ye Ye. Tal como idealizara o autor da armadilha... Fui tomada de uma raiva súbita. Embora o dia fosse tórrido, senti frio por dentro. Num átimo, dei um salto para a frente, ultrapassei Ye Ye e empurrei a porta violentamente. Três grossos volumes despencaram, passaram rente à cabeça da gente e caíram no chão com um forte ruído!

"Não se meta comigo!" Com os planos frustrados e fora de si de raiva, o Quarto Irmão gritou para mim o mais alto que conseguiu: *"Gun Dan!"* 滚蛋 ("Suma! Morra!").

"Como você é mau!", declarou uma voz. Nós dois então vimos a minúscula figura da Irmãzinha, mãos na cintura, olhando furiosa para o Quarto Irmão da porta de seu quarto.

Antes que qualquer um de nós pudesse reagir, papai saiu de roupão de banho. Percebendo de imediato a situação, ele hesitou brevemente. Vi o rosto dele, meio virado para o Quarto Irmão, meio virado para o seu quarto. "Pegue os livros", ele ordenou, por fim, com voz severa. "Que confusão! Não sabem que sua mãe ainda está dormindo? Falem baixo quando estiverem brincando! Isso vale para os três!"

E acabou-se.

Depois, Ye Ye e eu nos sentamos sozinhos no sofá, sem dizer palavra. Olhei para meu avô, derrotado e resignado, com um cobertor nos ombros caídos, naquele calor, o rosto contorcido de tristeza e angústia. Um velho cansado sem ninguém com quem contar, aprisionado pelo amor a seu único filho, meu pai.

Fechei os olhos e fiz uma promessa. Não ousei falar em voz alta, mas desejei com muita força, insistentemente: "Tem de melhorar. Um dia as coisas vão ser diferentes. A vida não vai ser assim para sempre. Não sei quando, como ou por quê, mas eu vou voltar e resgatar você disto aqui. Prometo!".

No carro, o Quarto Irmão pediu para tomar o chá da tarde no elegante Hotel Península. Paramos lá, embora eu sentisse enjoo de estômago, dominada por medos desconhecidos, mas temerosa demais para pronunciar uma palavra. Quando nos aproximamos da entrada monumental, vi uma menininha desamparada ao lado de um homem ajoelhado no chão com a cabeça baixa. Ambos esfarrapados. Na calçada, uma folha de papel descrevia suas misérias e pedia ajuda. A menina trazia uma placa pendurada no pescoço, na qual se lia: MEU NOME É FENG SAN-SAN. ESTOU À VENDA.

No saguão fresco e luxuoso do andar térreo do hotel, havia uma longa fila de clientes chineses esperando para sentar e tomar o chá da tarde. O maître escrevia seus nomes em um grande livro de reservas encadernado em couro.

O Quarto Irmão correra na frente e estava dando seu nome. Quando me aproximei com Niang, ouvi o maître repetindo em chinês: "Último nome, Yen. Três pessoas? Parece que a espera é de meia hora, creio".

Enquanto isso, Niang, impaciente, conferia as horas em seu relógio de ouro Rolex. Altiva, falando inglês, ela exigiu sentar-se imediatamente. "Meu nome é Prosperi", proclamou em seu melhor sotaque europeu. "Estamos com muita pressa!"

Com um rápido olhar, o maître examinou Niang, conferiu a roupa de grife francesa, a bolsa e os sapatos de crocodilo, o anel de brilhante de sete quilates. "Claro, madame", disse ele, sem mudar de expressão, enquanto nos conduzia a uma mesa junto da janela. Afinal de contas, Hong Kong era uma colônia britânica. Brancos tinham precedência sobre a população nativa, e iam automaticamente para a frente de qualquer fila, fosse onde fosse.

Depois do chá, atravessamos a enseada de balsa e passamos de carro diante de um prédio impressionante, a Casa do Governador, cercada de luxuriantes gramados verdes e guardada por altos soldados ingleses. Nosso carro parou diante do prédio de uma grande escola, pendurado no meio de uma encosta. Uma placa dizia: ESCOLA E ORFANATO SAGRADO CORAÇÃO.

Duas freiras estrangeiras de hábitos brancos nos receberam. Niang e o Quarto Irmão foram com elas para uma sala, enquanto eu esperava no saguão. Não havia mais ninguém ali e nada para ler a não ser o folheto da escola em cima de uma mesa. Com toda a certeza não iam se zangar comigo se desse uma olhada naquilo!

Descobri que havia 1200 alunas matriculadas na Sagrado Coração, das quais 65 eram internas. O resto era externato. Mas a Sagrado Coração tinha também um orfanato para filhas abandonadas pelos pais... Senti meu coração disparar ao pensar no meu destino.

Disse a mim mesma: O perigo é muito real. Niang me abomina. Quanto a papai, ele não se importa de fato. Mal sabe que existo, não se lembra nem do meu nome nem da data do meu aniversário. Para ele, eu não significo nada.

Por fim, depois de uma hora e meia, eles saíram juntos. Para minha surpresa, Niang me apresentou com um sorriso a madre Mary e madre Louisa. Pensei: Será que isso é parte do truque para me abandonar no orfanato, onde eu não custaria nada a ela? Era melhor me concentrar no que ela estava dizendo. Céus! Ela está me dando os parabéns pela sorte de as irmãs estarem fazendo uma exceção. Estou sendo aceita como interna no meio do ano escolar! Ela disse *interna*? Meu coração está cantando, mal posso acreditar na minha sorte. Deus *existe*, afinal!

# 18

## Triste domingo
## 討厭的星期天

*Dois anos depois. Verão, 1951.*
 Durante a missa na catedral, eu pensava: Domingo de novo, e eu estou tão triste. Não há dúvida. Domingo é o dia de que menos gosto na semana. Só de pensar nisso me arrepio! Ainda bem que é o último domingo do período de verão.
 Depois da missa, entramos correndo no refeitório, para o café da manhã. Como sempre, madre Mary chegou empurrando um carrinho com um enorme caldeirão de ovos cozidos, fumegando. Esses ovos eram preciosos porque não se podiam simplesmente encomendá-los às irmãs, por mais rico que seu pai fosse. Alguém em casa tinha de gostar tanto de você a ponto de se dar ao trabalho de lhe trazer os ovos frescos pessoalmente, embrulhados com cuidado e acolchoados com jornais, durante o horário de visita, aos domingos. Além disso, você tinha de pintar o seu número na casca, com tinta à prova d'água, e pegá-lo quando madre Mary chamasse seu número no café da manhã. Depois voltava para o seu lugar equilibrando o ovo com orgulho no suporte, o troféu que indicava o quanto você era querida e amada.
 Como ninguém nunca tinha vindo me visitar (e muito menos me trazido um ovo), era humilhante sentar ali toda manhã, olhando, sabendo que meu número nunca seria chamado. Durante essas sessões, eu geralmente fingia ser surda e estar preocupada com outra coisa.
 De repente, minha amiga Rachel bateu no meu cotovelo. "Ouviu o que eu ouvi, Adeline? A madre acaba de chamar o seu número! Trinta e sete!"
 "Impossível!" Mas, sim, desta vez ouvi claramente madre Mary chamar: "Número trinta e sete!".

Levantei, deliciosamente surpresa. No refeitório reinava um silêncio absoluto. Todos os olhos me observavam. Ninguém acreditava que meu número havia sido chamado. Nem eu! Voltei com meu prêmio aninhado em seu suporte. Pela primeira vez em dois anos! Por fim um ovo, depois de 730 manhãs sem ovo! Com cuidado, examinei a superfície. O número 37 estava plenamente visível, pintado com tinta preta na casca lisa, amarronzada. Pensei: De quem veio isto? Será que tenho uma admiradora secreta? Será que ouso comer? Será realmente meu, para ser consumido à vontade?

Imaginei bater no ovo com as costas da colher, quebrar na parte superior, retirar com delicadeza os pedacinhos de casca quebrada e mergulhar a colher na superfície branca e membranosa. Ah, que bênção sentir na língua o gosto da gema maravilhosa e deixá-la deslizar deliciosamente garganta abaixo! Tão, tão tentador! Como eu queria aquilo. Mas sabia muito bem que não era meu. Era um engano. Talvez uma brincadeira, uma cruel armação. E se a verdadeira dona aparecesse quando eu estivesse a meio caminho de saborear o ovo e o pedisse de volta? O que eu faria então? Uma vez quebrada a casca, não havia como voltar atrás.

Procurei ficar firme e me levantei da mesa. Madre Mary tinha acabado de entregar o último ovo e estava saindo com o caldeirão vazio. Aproximei-me, hesitante, confusa e defensiva, e devolvi o ovo.

"Madre Mary! Isto não é meu."

Impaciente, ela pousou o caldeirão e examinou o ovo com um suspiro. "Aqui diz trinta e sete. Qual é o seu número? Você é número trinta e sete?"

"Sou, madre!"

"Então o ovo é seu."

"Não, não pode ser!"

"Por que não? Por que não pode ser?"

Todo mundo havia parado de comer e escutava com atenção. Não se ouvia um som. Isto é terrível!, pensei. Estou chamando atenção sobre mim e divulgando o meu estado de per-

pétua ausência de ovos. O que posso dizer que seja lógico, convincente e ainda preserve um mínimo de dignidade?
"Meus pais sabem que *detesto* ovos cozidos. Por isso nunca me trazem nenhum", despejei, o rosto queimando de vergonha por causa da mentira. "Então não é possível que o ovo seja meu!"
Atrás de mim, ouvi alguém (provavelmente Mônica) rindo e dizendo num sussurro bem alto: "Ela deve detestar manga e chocolate também. Por isso é que ninguém aparece aos domingos para trazer nada para ela".

Mônica Lim, filha de um dos mais ricos magnatas de Hong Kong, era três anos mais velha que eu. Com dezesseis anos, era alta, bonita e bem penteada. Tinha o apelido de "Cérebro" porque era rotineiramente a primeira da classe. Corria o boato de que seria a líder no ano seguinte.
Todo domingo, Mônica se vestia na última moda europeia para receber a mãe, que comentavam não ser a esposa verdadeira de seu ilustre pai, mas apenas uma concubina, ex-garçonete de bar. Durante o horário de visita, aos domingos, o único dia em que as internas tinham permissão de não vestir o uniforme, Mônica e a mãe pareciam modelos, passeando pelo pátio da escola com vestidos elegantes, ressaltados por sutiãs com enchimento, meias de seda, *qipaos* sob medida e sapatos de salto alto importados. Além de ovos, a mãe de Mônica trazia para a filha bolachas de água e sal, drágeas de chocolate, barras de chocolate Cadbury, carne-seca, frutas frescas da estação e sorvete Dairy Farm. No seu aniversário, a garota recebia tradicionalmente um gigantesco bolo de creme coberto com lustrosos morangos, que ela só oferecia a algumas "amigas" escolhidas a dedo. Devido à fabulosa riqueza de seu pai, ela era muito mimada pelas freiras e recebia inúmeros privilégios.
Durante longo tempo, Mônica havia me ignorado. Ela era membro do grupo de elite das "garotas grandes" e bonitas, que nós, as "pequenas", devíamos admirar e adorar de longe. Então, nós duas fomos escolhidas para escrever na revista da es-

cola. Em três números sucessivos, nossa editora, madre Agnes, selecionou os meus artigos, e não os dela. Ao final do primeiro ano na Sagrado Coração, eu pulei um ano, e as meninas passaram a me chamar de "mestra". Começaram a comparar meus escritos com os de Mônica. Um dia, encontrei com ela acidentalmente na biblioteca, e ela comentou, maldosa: "Em vez de tentar decorar todos os livros daqui, você seria mais popular se arrumasse uns vestidos bonitos".
Senti o rosto esquentar, porque tinha consciência de que minha aparência era horrível. Sem dinheiro, não sabendo onde arranjar um sutiã, tentava esconder os seios nascentes colocando duas camisetas de baixo bem justas. Além dos uniformes, eu possuía apenas um vestido de domingo simples e antiquado, marrom, que era pequeno demais, muito curto e estreito. Usava sempre tênis porque era o único calçado à venda no ginásio da escola, e madre Mary tinha permissão de colocá-los na conta de meu pai, a critério dela. Quanto ao meu cabelo, bem, eu sabia que era melhor nem pensar nisso! Então engoli a raiva e me afastei. Apesar da observação maldosa de Mônica, as garotas a ignoravam, e ninguém mais caçoava de mim.

Ao final do café da manhã, madre Mary anunciou que, como era o último domingo antes do começo das férias de verão, o horário de visitas estaria ampliado de duas para três horas. Todo mundo deu vivas, mas eu fiquei nervosa. Quando fico nervosa, geralmente preciso ir ao banheiro. O banheiro estava lotado, todas as alunas se preparando para encontrar os pais. Elas se aprontavam na frente do espelho e arrumavam o cabelo. Não ainda!, pensei. Melhor esperar meia hora. Fui até a biblioteca e peguei alguns livros. Que bela sala! Longe de todo barulho, riso e excitação. Meu abrigo. Meu santuário. O lugar de que eu fazia parte! Meu verdadeiro mundo!
Mas mesmo ali não me sentia inteiramente protegida nas manhãs de domingo. Tudo bem para um alívio temporário, mas as meninas às vezes levavam os pais para dar um passeio

pelas instalações. Quando me viam, sentiam-se obrigadas a puxar uma conversa educada, embora eu preferisse ser ignorada e tratada como parte da mobília. Dito e feito: minha colega de classe Irene Tan entrou com a mãe. "Esta é a nossa biblioteca, mãe. Ah, olá, Adeline. Quero apresentar você para minha mãe! Esta é Adeline Yen, primeira aluna de nossa classe. Ela pulou dois anos e vai para a quinta série depois das férias, com treze anos!"
"Estudando tanto, mesmo num domingo!", exclamou a sra. Tan, virando-se para a filha. "Ora, por que *você* não é assim?"
Eu me senti um monstro, e olhei invejosa as sandálias novas de Irene e o vestido combinando. "Não! Não! Não estou estudando. Isto é apenas prazer e diversão."
A sra. Tan se aproximou e olhou o meu livro. "O que você está lendo? *Rei Lear*! Nossa! Puxa! Você acha que *isso* é diversão?"
Baixei a cabeça e vi meus tênis velhos com um buraco do lado e as meias enrugadas com o elástico frouxo de tantas lavagens, sabendo que comparada à elegância estilosa de Irene eu devia parecer muito estranha com meu vestido marrom antigo. Enfiar-se na biblioteca e ler *Rei Lear* por gosto completava o quadro desalentador. Um tipo especial de *savant* idiota encontrado nas escolas de convento católicas de Hong Kong. Eu desejava ardentemente poder desaparecer quando ouvi Irene dizendo: "Sexta-feira passada, estávamos lendo *Rei Lear* em voz alta na classe, e Adeline de repente começou a chorar".
Senti um calor intenso se espalhar pelo meu rosto. O que ela disse era verdade, mas eu não tinha palavras para explicar. A poesia e a compaixão contidas em *Rei Lear* haviam me comovido de modo tão profundo que eu simplesmente não consegui me controlar. Boa parte do sofrimento dele parecia espelhar o de meu avô em casa. Contra toda lógica, eu tinha a estranha sensação de que Shakespeare havia pensado especialmente em meu avô Ye Ye ao escrever sua peça imortal quatrocentos anos antes.
Quando Lear se ajoelha na frente da filha perversa, Re-

gan, para implorar comida e abrigo, vi Ye Ye se pondo de joelhos para dizer as mesmas terríveis palavras a minha madrasta:

*Querida filha, confesso que estou velho.*
*A idade é desnecessária; de joelhos imploro*
*Que me conceda vestes, cama e comida...*

Porém a sra. Tan estava olhando para mim com uma expressão estranha no rosto, algo entre piedade e curiosidade. Isso me deixou muito incomodada. Tudo o que eu queria era escapar depressa.

Olhei o relógio e fingi surpresa. "Ah! Desculpe! Já são dez e quinze? É melhor eu correr, senão vou me atrasar!"

Saí decidida com uma braçada de livros, embora não soubesse para onde ir, me odiando pelo fingimento. Por que não podia dizer para a sra. Tan francamente: "Eu me escondo na biblioteca e leio porque meus pais nunca vêm me visitar. E não gosto que todo mundo veja que sou a única abandonada. É mais fácil me tornar invisível. Gostaria de ter alguém como a senhora. Irene tem muita sorte".

Cautelosamente, me aproximei do banheiro. Nas revistas americanas, eles descreviam isso como "rondar o local". Ainda bem que agora estava deserto; depressa me enfiei no último cubículo, o mais discreto. Tranquei a porta e com cuidado coloquei minha pilha de livros numa borda ao lado da janela para que ninguém visse se resolvesse espiar pela abertura inferior da porta. Com um suspiro de alívio, me acomodei no assento da privada. Era úmido e tinha um cheiro forte, mas eu me sentia segura. Ninguém podia me atingir. Privacidade, afinal! Ninguém espiando, nenhuma observação, nenhum olhar de pena. Eu estava sozinha com meus livros adorados. Que bênção! Ficar a sós com Cordélia, Regan, Goneril e o próprio Lear — personagens mais reais que minha família em casa e minhas colegas lá embaixo. O ritmo! A história! As palavras mágicas! Que felicidade! Que consolação!

De repente, ouvi o som de passos se aproximando. Será

que o horário de visita havia terminado? Impossível que já fosse uma hora!

Ouvi as vozes de Irene Tan e Eleanor Lui. Elas estavam experimentando vestidos novos, faixas de cabeça e fitas, rindo para a própria imagem no espelho de corpo inteiro do banheiro.

"Que roupa fantástica!", exclamou Irene. E então, mudando de assunto: "Você tem coragem de ir almoçar usando esse numerinho depois do que aconteceu hoje no café da manhã?"

"Essa foi por pouco!", respondeu Eleanor.

"Por que você fez isso, afinal?"

"Achei que Adeline podia *gostar* de um ovo no café da manhã para variar. Meu número é trinta e um, e o dela, trinta e sete. Mamãe sempre me traz ovos aos domingos, ainda que eu diga para ela não trazer. Não *suporto* comer ovo, principalmente do jeito que preparam ovo quente aqui, com a gema mole: me lembra ranho. Ontem, embrulhei a metade que ainda não tinha comido do meu ovo no guardanapo de papel e joguei no cesto do estúdio quando ninguém estava olhando. Infelizmente a madre Valentino Ma-Mien (Cara de cavalo) encontrou e pegou. Primeiro eu neguei que fosse meu, mas ela simplesmente apontou o meu número na casca. "É *pecado* desperdiçar comida desse jeito quando tanta gente na sua terra está morrendo de fome!", ela berrou. Depois, me forçou a pegar uma colher e comer. Mais tarde, eu entrei escondido na cozinha e mudei o número um do meu ovo para o número sete. Achei que Adeline ia adorar ouvir o número dela ser chamado para variar! Como é que *eu* ia saber que ela detesta ovo? Só sei que ela nunca recebe nem visitas nem ovos.

"Dizem que Adeline é brilhante, mas para mim ela é bem patética também. Correndo por aí com aquele vestido marrom infantil, como uma refugiada que acabou de desembarcar de um junco do continente. Nunca recebe cartas, embora seja sempre a primeira da fila quando chega o correio. Ontem, ouvi Mônica dizer a ela: 'Esperando carta de alguém? Eu não prenderia a respiração, se fosse você!'.

"Mônica está infeliz porque ela e Adeline vão estar na mesma classe no próximo semestre, depois das férias. Nenhum 'cérebro' gosta de ser superado. Apesar do jeito como ela se veste, acho que Adeline vai acabar se dando bem. Ela tem uma espécie de espírito especial, e é o interior da pessoa que conta, você não acha?"

O sinal do almoço tocou, e elas saíram depressa. Esperei mais um pouco, depois abri uma fresta da porta para ter certeza de que não havia ninguém. Ufa! Que alívio! O caminho estava livre!

No espelho do banheiro, olhei para mim enquanto lavava as mãos, cheia de desarticulada emoção. Pensei na tentativa secreta de Eleanor de me passar o seu ovo indesejado e concluí: A quem estou enganando? O mundo inteiro sabe do meu "estado desovado", e algumas têm até pena de mim. De jeito nenhum vou permitir que me façam objeto de caridade ou piedade. Além disso, apesar de tudo, não existe um sinal de respeito no sentimento delas por mim?

Fui para o dormitório e sentei na beira da minha cama, depois puxei a cortina para ter privacidade, empilhei os livros junto da lanterna no armário ao lado da cama. Será que as irmãs sabiam que eu muitas vezes lia à luz da lanterna debaixo dos lençóis depois que as luzes se apagavam? Será que outras garotas de treze anos tinham pensamentos aterrorizantes durante a noite e dificuldade para dormir? Seriam às vezes tomadas pela ansiedade e por inomináveis "monstros das profundezas"? Se assim fosse, como *elas* lidavam com esse paralisante medo do futuro? Qual era a via de escape *delas*?

Baixei os olhos com desgosto para o meu vestido marrom encolhido, dois números menor que o meu corpo... minha "roupa de refugiada"! Melhor trocar pelo uniforme da escola antes de ir me juntar a minhas colegas para almoçar, pensei. Pelo menos o uniforme era do tamanho certo e ainda me servia.

## 19

## *Fim de semestre*
## 學 期 到 終

Era o último dia do semestre. As aulas tinham terminado, e nós, internas, estávamos no salão esperando nossos pais para nos levarem para as férias de verão.

Eleanor Lui, com seus sapatos "bons" com saltos de cinco centímetros, se examinava no espelho e ajeitava o cabelo.

"Tenho de admitir que minha franja está bem bonita... modéstia à parte", anunciou.

"Sem dúvida é mais bonita que suas pernas!", replicou Mônica rudemente, chamando assim a atenção para seus pés finos e bem calçados. Era verdade que, equilibradas nos saltos altos, as pernas de Eleanor realmente pareciam um tanto grossas e carnudas.

"O problema é que eu gosto muito de comer", disse Eleanor com franqueza, rindo. "Lembra ontem quando a gente estava falando de crocodilos na aula de ciências da Valentino Ma--mien? Eu estava imaginando se carne de crocodilo grelhada deve ser gostosa, e de repente Ma-mien me perguntou se crocodilo tem pulmão. Contanto que a carne seja gostosa, quem está interessado em saber como o animal respira?"

"Por isso você é tão boa cozinheira!", exclamou Irene Tan, sua leal amiga. "Tudo se resume a uma receita, na sua cabeça. Lembra aquela discussão que tivemos na aula de inglês sobre a palavra *serendipity*?"

Nós todas caímos na risada. Nossa professora de inglês, madre Louisa, tinha acabado de definir o significado de *serendipity* como "descoberta casual de coisas que não se estava procurando".

"Agora, meninas, quero que vocês me deem exemplos para ilustrar essa palavra e fazer com que ela se torne viva para a classe", instruiu.

Rachel levantou a mão. "Que tal a descoberta da América por Colombo? Ele estava procurando um atalho para as Índias Orientais quando topou com todo um continente novo."

"Muito bem! Outro exemplo, meninas?"

"Domingo passado, meu pai estava me contando da Guerra da Coreia", disse Daisy Chen. "Ele leu no jornal que muitos soldados americanos com ferimentos graves estavam se curando com esse remédio chamado penicilina. Dez anos atrás eles teriam morrido. Parece que um médico de Londres chamado Alexander Fleming pingou algum tipo de mofo numa placa de germes e notou que os germes em torno do mofo morriam. Foi assim que descobriu a penicilina. Por um acaso total!"

"Outro excelente exemplo. Agora, vocês se lembram da lição da semana passada sobre a palavra 'galvanismo'? Como podemos combinar os dois conceitos: descoberta casual e galvanismo?"

Na semana anterior, madre Louisa tinha dito que a palavra "galvanismo" vinha do nome de um italiano que notara que o músculo da perna de uma rã morta se mexia quando o nervo era estimulado. Porém ninguém soubera responder à pergunta, porque ela não havia contado o que Galvani estava fazendo com a perna da rã quando fez sua descoberta.

"Eleanor!" disse madre Louisa, afinal. "Acorde! Você tem alguma teoria? Qual é a história de Galvani com suas rãs?"

"Ah, madre Louisa!", explodiu Eleanor, entusiasmada. "Perna de rã é uma delícia frita com um pouquinho de gengibre e molho de soja. Tão macia e suculenta. No restaurante de meu pai tem perna de rã, e eu sempre peço. Só que elas são chamadas de 'galinhas do campo' no menu. É a mesma coisa, na verdade." Ela fez uma breve pausa, e deve ter lembrado de repente com quem estava falando. "Acho que Galvani estava comendo pernas de rã no jantar. Vai ver que ele mordeu um nervo por engano, e a perna se mexeu, ou alguma coisa assim. Esse é outro exemplo de descoberta casual."

Madre Louisa levantou as sobrancelhas enquanto a classe

rolava de rir. "Incrível! Então você vê Galvani mordendo pernas de rã que se mexem!" Ela esperou o riso diminuir e continuou. "Na verdade, Galvani estava pendurando as pernas de rã com um fio de cobre numa grade de ferro na casa dele. Uma rajada de vento fez o fio de cobre tocar na grade de ferro, e as pernas de rã se mexeram. Sem querer, ele havia criado uma corrente elétrica. Essa descoberta casual no século XVIII resultou na descoberta do galvanismo."

Uma a uma, minhas colegas internas foram indo embora, desejando "felicidades" e "boas férias de verão" umas para as outras. Por fim, sobramos só Rachel Yu, Mary Suen e eu.

Embora eu sentisse uma proximidade especial com essas duas amigas, nunca fui capaz de confiar abertamente a elas nada a respeito de minha família. Eram emoções que eu reprimia e não gostava nem de lembrar, muito menos de exprimir. Além disso, elas se ocupavam de seus próprios problemas.

O pai de Mary tinha outra esposa e passava a maior parte do tempo com a segunda família. Sua mãe, embora fosse ostensivamente a "esposa principal", só o via no aniversário de Mary e no Ano-novo chinês. Negligenciada e ignorada, a sra. Suen tornou-se amarga e briguenta. Nas raras ocasiões em que o pai voltava para casa, ele e a mãe de Mary discutiam com frequência.

Os pais de Rachel eram separados. O pai dela, um jóquei e treinador de cavalos muito conhecido, economizava cada tostão para mantê-la na Sagrado Coração. Ela era a única razão de sua existência e um investimento para o seu futuro, mas ela própria se sentia sufocada por essas expectativas.

Depois da agitação e do movimento da partida de minhas colegas, fiquei com uma forte dor de cabeça. Mesmo não tendo comentado nada sobre meus planos para o verão, todas as garotas sabiam que, mais uma vez, eu era a única interna que não ia para casa nas férias, porque não tinha me dado ao trabalho nem de fazer a mala. Era duro ser sempre a única a sobrar, e eu não conseguia evitar a autocomiseração. Provavelmente, Mary e Rachel tinham ficado mais tempo para me fazer companhia o máximo possível. Será que elas sabiam como eu me sentia? Fui até a sacada, e elas vieram atrás de mim. Escurecia, e as luzes se acendiam por toda a encosta, do outro lado do porto de Victoria e na península. Dava para avistar os gigantescos navios pontilhando a baía lá embaixo e a bem iluminada balsa da travessia Hong Kong-Kowloon. Fui tomada por um desejo de escapar.

"Mais do que tudo", eu disse a elas, "quero crescer, sair daqui e conhecer o mundo. Não seria maravilhoso se nós três pudéssemos viajar em um desses grandes navios ali para todos os países sobre os quais lemos: Japão, Inglaterra, Austrália, Estados Unidos? Temos de sair, nos sustentar com nossas próprias pernas e criar nosso próprio destino."

"Vamos fazer um pacto", disse Rachel, "vamos estar sempre disponíveis uma para a outra, seja onde for."

Solenemente, nós três colocamos as mãos intercaladas uma em cima da outra e formamos um punho gigantesco.

## 20

## *Pneumonia*

肺 炎

Minha dor de cabeça piorou depois que Mary e Rachel foram embora e sobrei. Passei uma noite agitada, me virando na cama, me sentindo quente num momento e fria no momento seguinte, tentando encontrar uma posição confortável. Sentia a garganta arranhando, não conseguia parar de tossir.

Na manhã seguinte, só de ver o café da manhã, senti enjoo. Era muito deprimente sentar no refeitório completamente sozinha, tomada por um sentimento de *déjà-vu*. No meio da refeição, tive um ataque de tosse e acabei vomitando. Quando voltei do banheiro, tossi sangue.

Madre Mary tocou minha testa e disse que eu estava queimando. Mandou que fosse para cama e chamou o médico. Minha temperatura subiu a quarenta graus. Quando o médico chegou, ele imediatamente me internou no hospital.

Enquanto estava hospitalizada, Mary Suen veio me ver todos os dias. Era minha única visita. A mãe dela vivia perto do hospital, e Mary me disse que não tinha nada melhor para fazer. Uma vez, papai apareceu; Mary o viu porque calhou de ele estar saindo quando ela entrou em meu quarto. Depois, ela pôde contar a nossas amigas não só que eu tinha mesmo um pai, como também que ele era bonito, bem vestido, e parecia "muito importante", dissipando assim definitivamente a suspeita generalizada de que eu era órfã.

Os médicos me deram injeções de penicilina, e eu me recuperei. O motorista de papai veio me buscar quando tive alta. Para minha surpresa, em vez de me levar direto para a escola, ele foi na direção do terminal da balsa.

"Eu vou para casa?", perguntei, meio esperançosa, meio temerosa.

"Vai. Foi a ordem da sua mãe."
O Terceiro Irmão abriu a porta quando toquei a campainha. Ele acabara de chegar de Xangai. Fiquei superalegre de encontrá-lo, e tinha um milhão de perguntas.
"Onde está todo mundo? O apartamento está tão quieto!"
"Papai está no escritório. Niang, o Quarto Irmão e a Irmãzinha foram visitar amigos. Antes de Niang sair, eu a ouvi dizer ao motorista para trazer você para casa para se recuperar durante uma semana."
Fiquei muito aliviada. "Então somos só nós três por enquanto. Onde está Ye Ye?"
"Já está almoçando. Eu estava esperando você."
Encontramos Ye Ye sentado sozinho na sala de jantar, examinando desanimado o prato. Nele havia umas cenouras cozidas no vapor, um pedaço pequeno de peixe cozido, um montinho de arroz e algumas batatas. Seu rosto se iluminou quando corri para junto dele e o cumprimentei. "Ye Ye!"
"Ah, Wu Mei! Você está em casa. Tenho de me desculpar por não ter esperado você para almoçar. Meu diabetes piorou, e esse médico inglês amigo de seu pai me pôs num regime especial." Olhou com desgosto para a comida. "Tenho de comer pontualmente às oito, ao meio-dia e às seis. Senão o açúcar no meu sangue sobe muito. O problema é que fico enjoado de comer a mesma coisa três vezes por dia."
Ele parecia tão triste que senti vontade de chorar. Sentei ao lado dele para lhe fazer companhia e perguntei ao Terceiro Irmão: "Como está tia Baba?".
"Ela está ótima. Ainda trabalhando no banco da tia-avó. Sempre preocupada com você e Ye Ye."
"Os comunistas incomodaram você?"
"Não. A vida em Xangai está melhor do que nunca. Na verdade", ele baixou a voz, "eu me diverti tanto que não queria mais voltar para Hong Kong. O Irmão Grande e o Segundo Irmão foram fazer faculdade na Inglaterra um ano atrás. Então ficávamos em casa só tia Baba e eu. Ela me tratou como a um rei!"
"A vida em Xangai não vai ser assim para sempre!", Ye Ye

alertou. "Os comunistas vão mostrar sua verdadeira cara mais cedo ou mais tarde. Além disso, seu pai tem planos de mandá-lo estudar na Inglaterra no ano que vem. Como seus dois irmãos mais velhos."

"Que sorte! Ah! Se eu pudesse ir para a universidade na Inglaterra também! Daria tudo no mundo para poder fazer isso! Ah! Mas não é para nós, mulheres." Tive uma ideia e continuei. "Onde está a Irmã Grande? Ainda em Taiwan?"

"Não! Contrariando todo mundo, ela voltou para Tianjin com o marido e levou junto a filhinha deles. É! A Irmã Grande agora é mãe, e eu tenho minha primeira bisneta", replicou Ye Ye. "Que erro ela está cometendo em voltar para a China comunista! Escreva o que eu digo! Ela ainda vai se arrepender disso."

"Quais são seus planos?", perguntou o Terceiro Irmão voltando-se para mim. "Como está indo na escola?"

Antes que eu pudesse responder, Ye Ye disse, orgulhoso: "Fiel a seu destino, ela continua sendo a primeira da classe ano após ano. Começou na primeira série do ensino secundário, quando chegou a Hong Kong. No ano seguinte, pulou uma série e foi para a terceira. Acabamos de receber uma carta da madre superiora dizendo que ela deve pular mais uma. Em setembro, vai para a quinta série; e tem só treze anos".

"Nada mau!", exclamou o Terceiro Irmão. "Você deve estar bem contente consigo mesma."

"Ah, não sei. De que adianta isso? Ser a primeira da classe, pular séries e tudo. Minhas amigas devem achar que eu sou uma espécie de monstro que só lê o tempo todo. Não que isso vá me levar a algum lugar. Me apelidaram de 'mestra', mas não sei se isso é um elogio ou uma ofensa. Leio porque preciso. A leitura tira todo o resto da minha cabeça, me permite escapar e encontrar outros universos. As pessoas em meus livros ficam mais reais que todo mundo. Elas me fazem esquecer."

"Mas aqui é tão ruim assim?", perguntou o Terceiro Irmão, curioso.

"Como pode duvidar?!", exclamei. "Bom, você acabou de chegar. Além disso, você é um filho, não uma filha desprezada, e tem a Inglaterra pela frente. Para mim, é ruim. Na verdade, muito ruim. Para começar, não tenho futuro. Morro de medo de que eles me forcem a um casamento arranjado como o da Irmã Grande, só para se livrarem de mim. Não sei o que eles pensam para o meu futuro, mas pode ter certeza de que não é a Inglaterra. Faz mais de dois anos que estou aqui, e é apenas a terceira vez que me permitem vir para casa. O resto do tempo estou trancada atrás das portas do convento, como uma freira. A última vez que estive em casa foi seis meses atrás, no Ano-novo chinês. Estava ajudando a Irmãzinha a fazer a lição de casa quando Niang disse com todas as letras para ela não ficar muito tempo comigo e a mandou sair. Quem precisa disso? Ninguém. Ela me trata como uma leprosa, e sei que não gosta de mim. Para falar bem honestamente, nem eu gosto de mim mesma. Quanto a papai, ele nem se lembra do meu nome. Na cabeça dele eu não sou nada. Sou menos que nada. Um lixo a ser jogado fora..."

"Não fale assim!", interrompeu Ye Ye. "Não deve falar assim! Você tem a vida inteira pela frente. Tudo é possível! Eu tentei lhe dizer muitas vezes que, longe de ser lixo, você é preciosa e especial. Ser a primeira da classe só confirma isso. Mas você só consegue vencer os demônios quando acredita no seu valor.

"O mundo está mudando. Você tem de contar consigo mesma, e não acabar se casando, como a Irmã Grande. Eu tenho confiança em você. Vá lá e tenha a coragem de enfrentar os exames mais difíceis. Crie o seu próprio destino! Seu Ye Ye é um velho agora, e tem os dias contados. Quem sabe quanto tempo mais nós temos para conversar assim? Mas aconteça o que acontecer, lembre sempre que toda a minha esperança está em você. Confie em mim! Continue a trabalhar duro! Um dia você vai mostrar ao mundo do que é capaz."

Nesse momento, Ah Gum entrou na sala com o almoço. Contrastando com o espartano repasto de Ye Ye, ela colocou na mesa costeletas agridoces, vagens com carne em molho de feijão-preto e espinafre refogado para o Terceiro Irmão e para mim. Assim que saiu da sala, Ye Ye rapidamente se serviu de uma generosa porção de costeleta.

"Sei que não posso comer isto", ele disse, "e seu pai provavelmente vai gritar comigo se descobrir. Mas meu médico tirou todo o sabor da minha comida. Às vezes pergunto a mim mesmo para que continuar vivo se não posso nem ter prazer com a comida. O que mais me resta?"

Havia tanto desespero na voz dele que senti um arrepio. Eu *precisava* agradar meu avô e abrandar sua dor. Então eu disse: "Quando voltar para a escola, vou estudar ainda mais. E se eu tiver a sorte do sucesso algum dia, será porque você acreditou em mim".

## 21

## *Concurso de peças de teatro*
## 戲 劇 比 賽

Quando voltei para a escola, uma semana depois, as férias não haviam terminado, e todas as meninas ainda estavam em casa com a família. O lugar era um túmulo.

Dia após dia, eu ficava na biblioteca lendo e conversando com madre Louisa, que era também bibliotecária. Em uma revista, encontrei o anúncio de um concurso de peças teatrais para crianças falantes de inglês em todo o mundo. Inspirada pela exortação de Ye Ye, me aproximei de madre Louisa com certa ansiedade.

"Acha que devo participar do concurso? Acha que tenho alguma chance?"

"A mesma chance que qualquer outra. Se você tem tempo livre e quer participar, por que não tenta? Isso vai canalizar suas energias e lhe dar um objetivo."

"Porque eu acho que não tenho talento. Tenho medo de perder."

"Pense assim: qualquer pessoa que participa tem uma chance. Porém, se você não participar, vai eliminar sua chance antes mesmo de começar. Primeiro você tem de acreditar que é capaz de fazer qualquer coisa que quiser. Lembre-se: gênio é dez por cento inspiração, noventa por cento transpiração."

Pedi informações e fiquei tremendamente excitada quando, na volta do correio, recebi o formulário de inscrição, além de quatro páginas de regras e regulamentos muito complicados. Foi a única correspondência que recebi em todo o tempo que passei na Sagrado Coração. Aplicada, li e reli as instruções e me pus a trabalhar. Chamei minha peça de *E os gafanhotos levaram*, e criei a história de uma imaginária menina africana que foi roubada dos pais por bandidos durante uma fome provocada por uma praga de gafanhotos. Nos lábios dela, injetei minha tristeza, isolamento e o sentimento de rejeição. Dei à minha heroína tudo o que era meu. O que começou como diversão terminou em paixão. No final, eu a fiz triunfar sobre as adversidades pelo próprio esforço. Gostei tanto da minha tarefa que quase fiquei triste quando a completei.

"Esta peça é dedicada a meu avô", escrevi com orgulho na capa, e a enviei na véspera da volta de férias das meninas.

A escola recomeçou, eu estava na quinta série. Embora tenha escrito muitas cartas a papai e Niang implorando que me deixassem ir à universidade na Inglaterra junto com o Terceiro Irmão, eles nunca responderam. Na verdade, pareciam ter se esquecido inteiramente de mim. Quando se mudaram para uma casa maior, não me contaram, mas descobri por acaso, em mais um exemplo de *serendipity*. Estava ajudando madre Mary a separar uma volumosa pilha de correspondência endereçada às irmãs durante as férias de Natal. Para minha surpresa, encontrei um cartão enviado a elas por meus pais! Além das saudações de festas, Joseph e Jeanne Yen informavam às freiras a mudança de endereço. Em vez da rua Boundary, em Kowloon, eles agora moravam na rua Stubbs, em Hong Kong. Claro, não tinham achado nem necessário nem que valesse a pena escrever para mim.

O Ano-novo chinês veio e passou, em 1952, sem nenhum contato de casa. Não havia tampouco nenhuma notícia de minha peça, embora seis meses tivessem transcorrido.

Madre Louisa me consolou. "Seja paciente. Nenhuma notícia é boa notícia. Enquanto não souber de nada, pode continuar esperando. Reze bastante. Milagres acontecem."

"Se eu vencer, a senhora me ajuda a informar a meu Ye Ye? Ele vai ficar tão contente! Ele realmente acredita em mim, e dediquei a peça a ele."

*Março, 1952*
Eu estava jogando basquete, e a contagem estava quase empatada. Baixei a cabeça e parti para a cesta, escapei de minha oponente desviando de repente para a esquerda. Então me vi livre e fiz pontaria com cuidado...
"Adeline!"
A madre Valentino Ma-mien estava me chamando. Joguei a bola mesmo assim e fiquei olhando enquanto ela desenhava um arco no ar e caía no aro. Dois pontos! Contagem empatada. Pela primeira vez eu não errei.
"Adeline! Venha já aqui!"
"Ah, madre! Será que podemos terminar nosso jogo? Cinco minutinhos mais? Por favor...?"
"Não, Adeline. Não dá para esperar. Seu motorista está esperando lá embaixo para levar você para casa."
"Meu motorista? Estou ouvindo direito? Me levar para casa? Será que eu morri e fui para o céu?" Fez-se um silêncio, e todas as meninas na quadra de basquete estavam escutando, o rosto levantado. Eu sabia o que estava passando pela cabeça delas, porque eu estava pensando a mesma coisa. "Adeline tem mesmo um motorista?" Estávamos igualmente perplexas!
Saí da quadra e corri para madre Valentino. "Vá lavar as mãos e pentear o cabelo", disse ela. "Não dá tempo de trocar de roupa. Seu pai mandou o motorista levar você diretamente para o templo budista. Seu avô morreu. O funeral é hoje."
Chorei durante toda a longa cerimônia, assolada pela tristeza e pela perda. Ninguém mais estava chorando. Papai, Niang, o Terceiro Irmão, o Quarto Irmão e a Irmãzinha, todos com rostos de pedra ao meu lado, enquanto os monges entoavam preces sem fim e exortavam as virtudes de Ye Ye. O inebriante cheiro de incenso enchia o ar.
Por entre a massa de flores brancas, eu via o rosto gentil e triste de Ye Ye olhando para mim da fotografia pregada em seu caixão. Ouvi sua voz outra vez, me exortando a dar o melhor de mim e a criar uma vida própria. Por causa dele eu havia ousado entrar no concurso de peças de teatro. Agora ele nunca mais saberia o quanto havia me influenciado. Será que

alguém mais no mundo iria se importar se eu perdesse ou ganhasse?

Vi Niang olhando para mim com franco desprezo quando saímos e ficamos esperando o motorista de papai nos levar para casa. Eu sabia que devia estar horrível em meu uniforme sujo de escola, tênis gasto, cabelo liso, sem ondulação, unhas roídas e olhos inchados e vermelhos de chorar. Ao meu lado, ela fazia com que me sentisse especialmente sem valor, banal e pequena. Senti um vestígio de seu perfume e fiquei enjoada de medo.

Quando o Studebaker se aproximou, Niang virou-se para papai e anunciou em voz alta que eu ficava cada dia mais feia, à medida que ficava mais velha e mais alta. Ao ouvir isso, o Quarto Irmão deu um ronco de desprezo. Oh, a tristeza daquilo tudo! Eu me sentia como se estivesse sendo esfolada viva.

Em casa, Niang me chamou na sala. Mandou que eu procurasse um emprego quando a escola acabasse, naquele verão, porque papai tinha muitos filhos para sustentar e não podia mais "arcar" com as mensalidades escolares. Ela me fez lembrar que tinha catorze anos e não podia esperar viver luxuosamente à custa de papai para sempre.

Depois do almoço, o motorista me levou de volta à escola. Era o intervalo depois do chá, e minhas colegas internas estavam entretidas com um novo jogo.

Rachel exclamou: "Brinque conosco! Na sua opinião, qual a sua melhor característica física, intelectual ou social, Adeline? Cada jogadora registra a sua ideia em uma folha de papel. As outras então escrevem as suas opiniões e a gente compara".

Ao jogar, foi esclarecedor ver como minhas amigas viam a si mesmas e uma à outra. Sem nos darmos conta, cada uma de nós revelou seu ser interior.

Seguimos a lista pela ordem alfabética. Daisy (estilo x sinceridade), Eleanor (cabelo x lábios), Mary (pernas x mãos), Irene (olhos x amizade), Rachel (inteligência x generosidade).

Como eu cheguei tarde, me deixaram ficar por último. Era a minha vez. Meu papel continuava em branco, enquanto

eu pensava desesperadamente: será que tenho *algum* traço que valha a pena?
"Vamos Adeline!", insistiu Rachel. "Escreva alguma coisa!"
"O.k.!", despejei afinal. "Aqui está!"
Rachel abriu o papel. "O que é isto? Você escreveu 'nada'. O que quer dizer isso?"
"Isso mesmo! Nada! Não acho que tenha nenhum traço bom. É isso que quero dizer."
"E essa é a sua opinião sincera a respeito de si mesma?", perguntou Rachel.
"É, sim! Tudo é feio. Eu me odeio."
"Bom, nós gostaríamos de discordar. Na verdade, votamos em você como a com mais potencial de sucesso."

A combinação da morte súbita de Ye Ye com o desprezo indisfarçado de Niang me lançara em uma horrível depressão. Noite após noite, eu não conseguia dormir — preocupada com meu futuro, imaginando o que seria de mim. Passava horas rezando na capela da escola, silenciosa e solene, tentando descortinar uma saída. Sonhei em fugir e voltar escondido para a China, para reencontrar tia Baba e minhas colegas de escola de Xangai. Escrevi diversas cartas suplicantes aos meus pais, implorando que me deixassem ir para a Inglaterra, onde meus dois irmãos mais velhos estavam estudando. "O Terceiro Irmão parte para Londres em agosto", escrevi. "Posso, por favor, ir com ele? Quero tanto estudar na universidade. Pulei duas séries nos últimos três anos, e ainda sou a primeira da classe. Sei que sou apenas uma garota e não mereço isso, mas por favor podiam ser bondosos? Prometo que pago tudo a vocês assim que me formar e conseguir um emprego decente."

Durante dias não consegui comer, passava horas olhando o porto lá embaixo, sonhando com o momento em que pudesse embarcar num daqueles navios ancorados na baía e partir para fabulosas instituições de ensino longe, muito longe de casa.

Toda tarde, na hora do chá, eu esperava na fila quando a correspondência era distribuída, ansiando por uma carta de casa. As meninas comentavam sobre a minha assiduidade na fila, embora só tivesse recebido uma única carta em meus três anos na escola. Não de casa, mas da comissão do concurso de peças de teatro. Mesmo assim, não conseguia deixar de estar lá todos os dias.

A ideia de ir embora da escola para sempre dentro de alguns meses me envolveu em um estado de constante melancolia. Sem nenhuma perspectiva de continuar minha educação, meus sonhos murchavam, e eu entrei em agonia. Dia após dia, a ansiedade lançava a sua teia em torno dos meus pensamentos e se espalhava por todos os recantos do meu coração.

O tempo passava inexoravelmente, e era sábado de novo. Oito semanas mais, e seria o fim do semestre... no meu caso, talvez o fim da escola para sempre.

Quatro de nós jogávamos Banco Imobiliário. Eu não estava com o coração naquilo, e perdia sem parar. Lá fora fazia calor e soprava um vento quente. O rádio alertara sobre um possível tufão no dia seguinte. Era a minha vez, e lancei o dado. Ao jogar, a ideia de deixar a escola latejava no fundo de minha cabeça como uma dor de dente constante.

"Adeline!" A madre Valentino Ma-mien estava chamando.

"Você não pode ir agora", protestou Mary. "Pela primeira vez eu estou vencendo. Um, dois, três, quatro. Ótimo! Cheguei à minha propriedade. Trinta e cinco dólares por favor. Ah, boa tarde, madre Valentino!"

Nós todas nos levantamos para cumprimentá-la.

"Adeline, não me ouviu chamar? Corra lá para baixo! Seu motorista está esperando para levar você para casa!"

Cheia de pressentimentos, corri para baixo como num pesadelo, imaginando quem era o morto desta vez. O motorista de papai me garantiu que todo mundo estava bem.

"Então por que está me levando para casa?", perguntei.

"Como é que *eu* posso saber?", ele respondeu, defensivo, encolhendo os ombros. "Sei tanto quanto você. Eles me dão ordens, e eu obedeço."

Durante a breve corrida até em casa, meu coração estava cheio de aflição, e eu imaginava o que podia ter feito de errado. Nosso carro parou em uma mansão elegante a meio caminho da montanha, entre o pico e o porto.

"Onde estamos?", perguntei, bobamente.

"Você não sabe de nada?", perguntou o motorista. "Esta é a sua casa nova. Seus pais se mudaram faz uns meses."

"Eu tinha esquecido", respondi ao descer.

Ah Gum abriu a porta. Lá dentro estava quieto e fresco.

"Onde está todo mundo?"

"Sua mãe está jogando bridge. Seus dois irmãos e a Irmãzinha estão tomando sol na piscina. Seu pai está no quarto e quer ver você assim que chegar."

"Quer me ver no quarto dele?" Eu estava perplexa com o fato de que havia sido chamada por papai para entrar no Santo dos Santos — lugar para o qual nunca fora convidada. Por quê? Será que eu seria forçada a um casamento arranjado?

Timidamente, bati na porta. Papai estava sozinho, parecendo relaxado, de chinelo e roupão de banho, lendo o jornal. Sorriu quando eu entrei, e vi que estava alegre. Dei um pequeno suspiro de alívio, mas logo fiquei inquieta quando me perguntei por que ele estaria sendo bonzinho. Seria uma gigantesca artimanha da parte dele para me enganar? Eu poderia ter a coragem de baixar a guarda?

"Sente! Sente!" Ele apontou uma cadeira. "Não tenha medo. Olhe, veja isto aqui! Escreveram alguma coisa sobre alguém que nós dois conhecemos, acho."

Entregou-me o jornal do dia, e ali, num canto, vi meu nome, ADELINE YEN, em letras maiúsculas, mostrado com destaque.

Foi anunciado hoje que a estudante de catorze anos de Hong Kong ADELINE JUN-LING YEN, da Escola Canossian do Sagrado Coração, na rua Caine, em Hong Kong, recebeu o primeiro prêmio no Concurso Internacional de Peças de Teatro realizado em Londres, Inglaterra, para o ano escolar de 1951-2. É a primeira vez que uma estudante chinesa de Hong Kong vence esse prestigioso evento. Além de uma medalha, o prêmio consiste em CINQUENTA LIBRAS ESTERLINAS. Nossas sinceras congratulações, ADELINE YEN, por conquistar essa honra a Hong Kong. Estamos orgulhosos de você.

Será possível? Estou sonhando? Eu, venci?
"Eu estava subindo no elevador com meu amigo C. Y. Tung hoje de manhã, quando ele me mostrou esse artigo e me perguntou: 'A vencedora, Adeline Jun-ling Yen, é sua parente? Vocês dois têm o mesmo sobrenome incomum'. Ora, C. Y. tem alguns filhos da sua idade, mas até agora nenhum deles venceu nenhum concurso literário internacional, que eu saiba. Então fiquei muito satisfeito de contar a ele que você é minha filha. Muito bem!"
Ele parecia radiante. Pela primeira vez, estava orgulhoso de mim. Diante de seu respeitado colega C. Y. Tung, um destacado homem de negócios também de Xangai, eu havia honrado seu nome. Pensei: será este o grande momento que eu estava esperando? Eu vibrava inteira com toda a alegria do mundo. Bastava estender a mão e tocar as estrelas.
"Diga, como conseguiu?", ele continuou. "Como é que *você* ganhou?"
"Bom, as regras e regulamentos eram bastante complicados. Era preciso ser muito dedicado só para entender o que eles queriam. Talvez eu tenha sido a única a ter topado participar, e não houvesse outros competidores!"
Ele riu, aprovando. "Duvido muito, mas é uma boa resposta."
"Por favor, papai", perguntei, ousada, pensando que era agora ou nunca. "Posso ir para a universidade na Inglaterra também, como meus irmãos?"
"Acredito mesmo que você tenha potencial. Mas, o que você iria estudar?"
Meu coração deu um salto gigante quando entendi que ele estava concordando em me deixar ir. Que maravilha era simplesmente estar viva! Estudar?, pensei. Ir para a Inglaterra

é como entrar no céu. Importa o que você faz, depois que foi para o céu?
Mas papai estava esperando uma resposta. Que tal escrita criativa? Afinal de contas, eu tinha ganhado o primeiro prêmio em um concurso internacional de escrita!
"Quero estudar literatura. Vou ser escritora."
"Escritora!", ele riu. "Vai morrer de fome! Em que língua vai escrever, e quem vai ler o que você escrever? Embora possa pensar que é perita tanto em chinês como em inglês, o seu chinês, na verdade, é bem elementar. E quanto ao inglês, não acha que os falantes nativos de inglês podem escrever melhor que você?"
Esperei em silêncio. Não queria contradizê-lo.
"Você vai para a Inglaterra com o Terceiro Irmão neste verão, e vai para a escola de medicina. Depois que se formar, pode se especializar em obstetrícia. Mulheres sempre vão ter bebês. Pacientes mulheres preferem médicas mulheres. Você vai aprender a fazer partos de bebês. Essa é uma profissão segura para você. Não concorda?"
Concordar? Claro que eu concordava. Aparentemente, ele já tinha planejado tudo. Contanto que me deixasse ir para a universidade na Inglaterra, eu estudaria qualquer coisa que ele quisesse. Como era mesmo aquele verso do poema de Wordsworth? "Felicidade era estar vivo naquele amanhecer".
"Papai, vou fazer medicina na Inglaterra, e vou ser médica. Muito, muito obrigada."

# 22

## *Carta de tia Baba*
## 姑媽來信

*22 de setembro de 1952.*
*Meu tesourinho precioso,*

Que surpresa saber de você depois de quatro longos anos e descobrir que está com o Terceiro Irmão a caminho de Oxford, Inglaterra, para estudar. Sua carta (enviada de Cingapura) me deu mais felicidade que qualquer coisa no mundo. Melhor, só se você tivesse vindo me visitar. Muito obrigada por pensar em mim em sua longa viagem pelo mar. Que aventura para vocês dois!

Aqui em Xangai, vivo na grande casa de seu pai na avenida Joffre com a srta. Chien e duas empregadas. Esta noite estou cansada, depois de um longo dia de trabalho do Banco das Mulheres. Porém, tenho em meu coração tanta coisa para dizer a você que preciso escrever hoje.

Devo confessar que fiquei muito preocupada desde que nos separamos. Antes do falecimento de Ye Ye, em março deste ano, ele costumava me escrever e dar notícias suas. Eu soube que tia Reine a levou de Tianjin para Hong Kong, e que você estava no colégio interno lá. Em sua última carta, Ye Ye estava muito preocupado com seu futuro. Por isso é uma surpresa muito agradável saber que seu pai concordou em mandá-la prosseguir os estudos na Inglaterra.

Esta noite sinto a falta de Ye Ye mais do que nunca, e essa é outra razão de eu estar escrevendo. Algum dia, você terá a minha idade e poderá querer falar comigo, porém eu não estarei mais por aqui. Lembre sempre que, independentemente de qualquer coisa, você tem seu valor e é muito importante para mim, esteja onde estiver.

Quando você era pequena e as coisas iam mal, você costumava correr para mim e pedir que eu tirasse essa "nuvem preta e grande" da sua cabeça, lembra? Eu contava uma história, e você dormia enquanto escutava. Aqui vai uma nova história que quero que você nunca esqueça. Sempre que se sentir desanimada e aquelas nuvens voltarem, pegue esta carta e leia a história de novo. É uma mensagem de tia Baba, que sempre terá você como uma joia preciosa no coração.

Esta história me foi contada por minha mãe (sua Nai Nai) muitos anos antes de ela morrer. Faz parte do folclore chinês.

Era uma vez uma menina chamada Ye Xian (葉限), que viveu durante a dinastia Tang na China. O pai dela tinha duas esposas e duas filhas, uma de cada esposa. A mãe de Ye Xian morreu, e logo depois o pai. A madrasta a maltratava, demonstrando preferência pela própria filha.

Ye Xian era uma ceramista de talento e passava todo o tempo no torno, aperfeiçoando seu dom. As pessoas vinham de longe para comprar seus potes. Seu único amigo era um peixe dourado que ela adorava. A madrasta ficou com ciúme, pegou o peixe, comeu e botou as espinhas debaixo de um monte de esterco. Ye Xian encontrou as espinhas e escondeu em seu quarto. As espinhas do peixe lançavam raios mágicos que atribuíam um brilho especial a seus potes.

Houve uma grande festa, mas a madrasta proibiu Ye Xian de participar. Quando a madrasta e a irmã saíram, Ye Xian se vestiu com um belo manto de penas de martim-pescador e um par de sapatos dourados que eram leves e elegantes.

Na festa, ela conversou brevemente com o nobre senhor guerreiro local, que ficou muito impressionado com sua beleza. A madrasta a reconheceu e a perseguiu. Ye Xian correu para casa, mas perdeu um dos sapatos, que foi encontrado pelo nobre guerreiro. Ele ordenou que todas as moças de seu reino o experimentassem, mas o sapato era muito pequeno. O sapateiro que fizera os sapatos apresentou-se e contou ao nobre senhor guerreiro que pertenciam a Ye Xian, que havia trocado um de seus potes pelos sapatos dourados. Com seu próprio talento e esforço, Ye Xian havia comprado os sapatos que acabaram levando ao seu casamento com o nobre senhor guerreiro. Os dois viveram felizes para sempre.

Sua tia-avó me disse que na Inglaterra e nos Estados Unidos existe uma história semelhante chamada Cinderela. De certa forma, tanto Ye Xian como Cinderela são iguais a você: filhas que choram por suas mães mortas. A história delas pode ser considerada como um talismã contra o desespero.

Ao vencer esse prestigioso concurso internacional de peças de teatro, você subiu mais um lance na escada do sucesso. Assim como Ye Xian, você enfrentou as adversidades e colheu o triunfo por meio de seu próprio esforço. Seu futuro é ilimitado, e terei sempre orgulho de você, minha Cinderela chinesa.

# A história de Ye 葉 Xian 限:
## a Cinderela chinesa original

Depois deste capítulo, vem o texto chinês de uma história escrita durante a dinastia Tang (618-906 d. C.). É a história de Ye Xian 葉限, também conhecida como a Cinderela chinesa original. Não é incrível pensar que esse adorado conto de fadas já era conhecido há mil anos?* Minha tia Baba me contou a história de Ye Xian quando eu tinha catorze anos, e você pode ler sobre ela no capítulo 22, p. 167.

Agradeço a Feelie Lee, Ph.D., e ao professor David Schaberg, do Departamento de Línguas e Culturas do Extremo Oriente da Universidade da Califórnia em Los Angeles, por sua erudição e pesquisa para encontrar o livro *Yu Yang Za Zu* na biblioteca do Extremo Oriente da UCLA. O *Yu Yang Za Zu* contém uma miscelânea de contos folclóricos do século IX chinês, entre elas o texto chinês da história de Ye Xian. O nome do autor é Duan Cheng-shi 段成式, e as histórias foram coletadas em um livro enciclopédico que teve muitas edições durante os últimos 1100 anos.

Por favor, observe a ausência de pontuação e os belos caracteres chineses. Era assim que os textos clássicos chineses eram escritos. Os livros chineses mais antigos eram copiados à mão.

Durante muitos anos, pensou-se que a história de Cinde-

---

* O papel foi inventado na China no ano 105 d.C., por Tsai Lun, um eunuco da dinastia Han que trabalhava na corte imperial. Um livro de escrituras budistas impresso no ano 868 d.C. (dinastia Tang) foi descoberto por sir Aurel Stein em 1907. Considerado o primeiro livro impresso completo do mundo, está no Museu Britânico, aparentemente em perfeitas condições.

rela havia surgido na Itália, em 1634. Iona e Peter Opie, em *The classic fairy-tales*, publicado pela Oxford University Press em 1974, consideram a versão italiana de *Cinderela* a mais antiga versão europeia. Hoje sabemos que *Ye Xian*, de Duan Cheng-shi, é oitocentos anos mais velha que a história italiana. *Cinderela* parece ter viajado da China para a Europa. Talvez Marco Polo a tenha levado de Pequim para Veneza oitocentos anos atrás. Quem poderá saber?

# 葉限

南人相傳秦漢前有洞主吳氏土人呼為吳洞娶兩妻一妻卒有女名葉限少惠善淘金父愛之末歲父卒為後母所苦常令樵險汲深時嘗得一鱗二寸餘赬鬐金目遂潛養於盆水中日長易數器大不能受乃投於後池中女所得餘食輒沉以食之女至池魚必露首枕岸他人至不復出其母知之每伺之魚未嘗見也因詐女曰爾無勞乎吾為爾新其襦乃易其弊衣後令汲於他泉計里數百也母徐衣其女衣袖利刃行向池呼魚魚即出首因斫殺之魚已長丈餘膳其肉味倍常魚藏其骨於郁棲之下逾日女至向池不復見魚矣乃哭於野忽有人披髮粗衣自天而降慰女曰爾無哭爾母殺爾魚矣骨在糞下爾歸可取魚骨藏於室所須第祈之當隨爾也女用其言金璣衣食隨欲而具及洞節母往令女守庭果女伺母行遠亦往衣翠紡上衣躡金履母所生女認之謂母曰此甚似姊也母亦疑之女覺遽反遂遺一隻履為洞人所

得母歸但見女抱庭樹眠亦不之慮其洞鄰海島島中有國名陀汗兵強王數十島水界數千里洞人遂貨其履於陀汗國國主得之命其左右履之足小者履減一寸乃令一國婦人履之竟無一稱者其輕如毛履石無聲陀汗王意其洞人以非道得之 遂禁錮而拷掠之竟不知所從來乃以是履棄之於道旁即遍歷人家捕之若有女履者捕之以告陀汗王怪之乃搜其室得葉限令履之而信葉限因衣翠紡衣躡履而進色若天人也始具事於王載魚骨與葉限俱還國其母及女即為飛石擊死洞人哀之埋於石坑命曰懊女塚洞人以為媒祀求女必應陀汗王至國以葉限為上婦一年王貪求祈於魚骨寶玉無限逾年不復應王乃葬魚骨於海岸用珠百斛藏之以金為際至徵卒叛時將發以贍軍一夕為海潮所淪成式舊家人李士元所說士元本邑州洞中人多記得南中怪事

# Nota

A China é um país grande, mais ou menos do tamanho dos Estados Unidos. É a mais antiga civilização contínua do mundo, e a escrita chinesa permaneceu virtualmente imutável durante os últimos 3 mil anos.

Até meados do século XIX, a China era o país mais poderoso da Ásia.; voltado para o interior, considerava-se o centro do mundo, intitulando a si mesmo 中國 zhong guo, que quer dizer "país central".

Em 1842, a China perdeu a Guerra do Ópio, e o resultado foi que a Grã-Bretanha tomou Hong Kong e Kowloon. Durante os cem anos seguintes, a China sofreu muitas derrotas humilhantes nas mãos de todos os grandes poderes industriais, incluindo Grã-Bretanha, França e Japão. Muitas cidades portuárias do seu litoral (como Tianjin e Xangai) caíram sob controle estrangeiro. Chineses nativos eram governados por estrangeiros e viviam como cidadãos de segunda classe em suas próprias cidades.

Em 1911, houve uma revolução, e a corte imperial manchu em Pequim foi abolida. Sun Yat-sen tornou-se presidente e proclamou a República da China. Porém o país se fracionou em feudos governados por senhores guerreiros que lutavam uns contra os outros pelo controle político. Chang Kai-chek, general protegido de Sun Yat-sen, assumiu o poder depois da morte de Sun em 1925.

O Japão tomou Taiwan da China em 1895. Depois, usurpou a Manchúria. Em julho de 1937, declarou guerra à China e rapidamente ocupou Pequim e Tianjin.

Quando eu nasci, em novembro de 1937, em Tianjin, a cidade ainda era dividida em concessões estrangeiras. Porém, fora das concessões, os japoneses dominavam. Minha família vivia na concessão francesa, onde éramos governados por cidadãos franceses, segundo a lei francesa. Minha irmã e eu frequentávamos uma escola missionária francesa e éramos educadas por freiras católicas francesas.

Em 7 de dezembro de 1941, o Japão bombardeou Pearl Harbor e declarou guerra aos Estados Unidos e à Inglaterra. No mesmo dia, tropas japonesas marcharam para as concessões estrangeiras de Tianjin. Como meu pai não queria colaborar com os japoneses, ele assumiu outro nome e escapou de Tianjin para Xangai. Nós nos juntamos a ele dois anos depois.

Em 1945 o Japão se rendeu, e terminou a Segunda Guerra Mundial. Chang Kai-chek voltou ao poder. Seu triunfo durou pouco, porque logo irrompeu uma guerra civil entre os nacionalistas de Chang e os comunistas de Mao Tsé-tung.

Em 1948, no pico da guerra civil, meus pais me levaram de Xangai de volta para Tianjin, enquanto eles próprios voltaram para Xangai e seguiram depois para Hong Kong. Os comunistas venceram a guerra e expulsaram os nacionalistas da China continental para Taiwan.

Fui a única aluna a restar em minha escola quando os comunistas dominaram Tianjin, todas as outras escaparam. Por sorte, fui resgatada por uma tia que me tirou da escola e levou para Hong Kong.

Naquela época, Hong Kong ainda era uma colônia britânica, e meus pais me mandaram para outra escola interna católica. Eles próprios esperavam que os americanos ajudassem Chang Kai-chek a retomar a China continental. Em 1950, eclodiu a Guerra da Coreia, lançando a Coreia do Norte (ajudada pela China comunista e pela União Soviética) contra a Coreia do Sul (ajudada pelas Nações Unidas). O povo de Hong Kong ficou extremamente temeroso de que a China comunista pudesse avançar da China continental e ocupar Hong Kong. Isso não aconteceu. Ao contrário, chegou-se a uma trégua, e a Guerra da Coreia terminou.

Deixei Hong Kong em agosto de 1952 e fui estudar na Inglaterra.

# *Pós-escrito*

Minha vida mudou completamente depois que fui para a Inglaterra. Passei três anos em duas escolas internas inglesas, depois entrei na universidade e na escola de medicina do Hospital de Londres. Foi um período maravilhoso da minha vida. Todo o mundo da ciência se abria para mim. Mal podia esperar para ir para a aula todas as manhãs. Os experimentos de laboratório me lembravam intrincados jogos de xadrez. Meu oponente era o grande "desconhecido" que precisava ser desvendado. Ao longo do caminho, havia pistas torturantes.

Depois que me formei, emigrei para a Califórnia, nos Estados Unidos, e cliniquei durante 26 anos. Embora na época fosse muito feliz no casamento e tivesse dois filhos adoráveis, ainda ansiava pela aceitação paterna. Meu pai morreu em 1988, mas nossa madrasta, Niang, nos impediu de ler o testamento original dele. Parecia que eu nunca viria a saber se meu pai realmente me amava.

Dois anos depois, a própria Niang morreu. Foi então que, repentinamente, o Terceiro Irmão me informou que inesperada e misteriosamente eu havia sido deixada de fora do testamento de nossa madrasta. Descobri também que tinha havido uma conspiração para me esconder a verdade. Essa descoberta, ao lado de minha busca desesperada pelo testamento desaparecido de meu pai, foi como uma página arrancada de minha infância, quando fui tão cruelmente castigada por censurar Niang. Quarenta anos depois, estava acontecendo tudo de novo.

Você pode ler sobre tudo isso em minha autobiografia, *Folhas de outono*, publicada em Londres em 1997 por Michael Joseph e a Penguin Books.

Espero que tenha gostado de ler *Cinderela chinesa*.

1ª EDIÇÃO [2006] 28 reimpressões

ESTA OBRA FOI COMPOSTA EM NEW BASKERVILLE PELO ESTÚDIO O.L.M.
E IMPRESSA EM OFSETE PELA GRÁFICA BARTIRA SOBRE PAPEL PÓLEN
DA SUZANO S.A. PARA A EDITORA SCHWARCZ EM FEVEREIRO DE 2025

A marca FSC® é a garantia de que a madeira utilizada na fabricação do papel deste livro provém de florestas que foram gerenciadas de maneira ambientalmente correta, socialmente justa e economicamente viável, além de outras fontes de origem controlada.